그 시절, 우리가 좋아했던 소녀

그 시절,
우리가
좋아했던
소녀

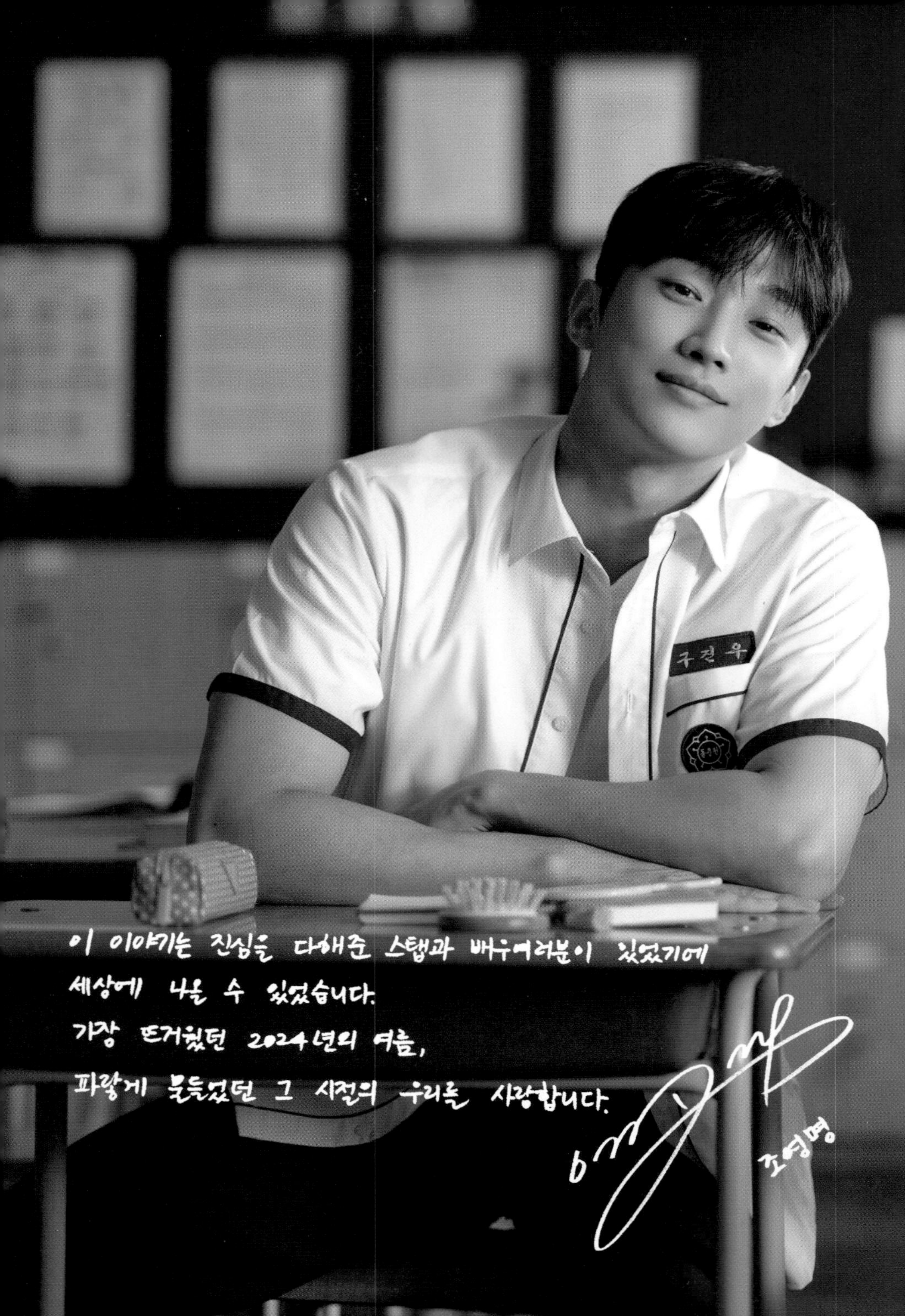
구건우
이 이야기는 진심을 다해준 스탭과 배우여러분이 있었기에
세상에 나올 수 있었습니다.
가장 뜨거웠던 2024년의 여름,
파랗게 물들었던 그 시절의 우리를 사랑합니다.
조영명

진영
그 시절 우리의 촬영 현장도
찬란하고 빛났다
좋은 기억과 추억 선물해주신 모든분들
너무 감사드리고 잊지 못할겁니다~♥

다현
오선아
그 시절 우리가 좋아했던 소녀 영화를 찍으면서
무척 행복했고, 메이킹북을 보면서
즐겁게 촬영했던 생각이 납니다.
저의 첫 영화를 사진으로 남겨져 볼 수 있다니
오래도록 영원히 소중하게 간직하고 싶습니다. ♥

1. 어느 교실 (추억 속 교실) / 낮

검은 화면 속, 웅웅웅- 일정하게 돌아가는 모터 소리.
화면 밝아지면, 빈 교실 천장에 붙어 돌아가는 선풍기.
그 아래로 나란히 배열된 책상들 보인다.
창가로 들어오는 포한 햇빛은 현실보단 꿈속의 공간처럼 보이고,
빛이 닿은 책상 위. 뾰족한 무언가로 긁어 그린 진우의 그림 낙서들.
머리를 풀어헤친 귀신, 사과.

빈 운동장. 농구코트엔 누군가 두고 간 농구공 하나가 떨어져 있고,
덜 잠그고 간 개수대에선 물방울이 똑똑 떨어진다.

빈 강당. 높이 난 창으로 들어오는 따스한 햇살.
햇살 아래 창가에 쌓인 의자들.
그 위로 반짝이는 미금이 바람을 타고 창밖으로 날아 -

2학년 3반

2. 어느 방 (2018년, 진우의 방) / 낮

작은방으로 들어간다.

책상 위 졸업앨범, 그 사이에 끼워둔 실 팔찌가 선풍기 바람에 흔들린다.

선풍기가 찌그덕- 회전하고, 카메라 또다시 바람을 따라가면 행거 보인다.

행거끝 곱게 다려진 정장이 펄럭인다. 손 하나가 들어와 정장을 꺼내면,

뒤에 걸려 있던 하얀 반팔 교복이 모습을 드러낸다.

교복에 비치는 푸른 잉크 자국. 그 위로 잘 익은 햇살 비치며,

투 혼
THE

3. 등교 몽타주, 동네 곳곳 (2002년) / 아침

[진우 동네, 골목길]

파란 하늘 아래 길을 걷는 진우.
백팩에 달린 열쇠고리가 걸음에 맞춰 달랑거린다.
'2002년 춘천' 자막 뜨고, 진우의 눈에 비치는 2002년도 거리 풍경.

NA **진우** 소양강 힘찬 줄기와 봉의산 봉황의 정기를 이어받은 동춘천고 2학년 3반 구진우. 나다.

붉은 악마 티를 입고 평상에서 부채질하는 쌀집 아줌마.
길 건너에다 '하나 줘봐!' 하면,
역시나 붉은 악마 티를 입고 슬러시를 짜는 슈퍼 아저씨.

진우 안녕하세요.
쌀집아줌마 어어, 이거 좀 먹고 가요.
진우 오, 뻥튀기. 감사합니다.

비디오 가게 앞. 가게를 지키던 강아지가 익숙한 얼굴에 꼬리를 친다.
주머니에서 간식을 꺼내 툭 던지고 지나치는 진우.

진우 찹쌀이, 너 먹어.

춘천초 앞. 진우 앞으로 축구공을 차며 쌩- 횡단보도를 건너는 붉은 악마 초딩들.

NA 진우 그해 여름,

우리나라는 월드컵 4강이라는 기적을 이뤘지만,

막상 춘천에는 프로팀도 없고, 월드컵 경기장도 없다.

아저씨(E) 야 흥민아! 차 오잖아, 조심해!

손흥민 죄송합니다.

아저씨(E) 손흥민! 영어책 챙겨 가!

급정거하며 놀란 자동차가 "빵빵 빵 빵빵" 응원 경적을 울리면,
"뛰- 뛰 뛰뛰" 뒤차가 누르는 화답의 경적.

NA 진우 그래도 많은 초딩들이 축구 선수를 꿈꿨다.

진우의 걸음 뒤로, '서울대, 꿈★은 이루어진다'는 입시학원 광고 현수막이 보인다.
바람에 일그러졌다 펴지는 현수막 속 일타강사의 표정이 우스꽝스럽다.

[진우 동네, 토스트 가판 앞 (뒤에는 레코드 가게)]

레코드 가게 밖으로 들리는 음악 소리에 움찔움찔 스텝을 밟는 발.
종이컵에 담기는 노릇한 햄토스트를 향해 간절하게 손을 내미는 포동한 남학생.

NA 진우 얜, 오동현. 하루 종일 먹고, 꿈에서도 먹는 놈이다.

동현이 토스트를 행복하게 한입 베어 무는데,

	진우	(달려가 동현의 뒤통수를 치며) 빠샤!
	동현	(토스트 떨어지고) 캑캑. 야!

동현이 바닥에 떨어진 토스트를 줍는데, 이번엔 졸린 눈의 병주가 달려오며,

	병주	(동현의 토스트를 탁- 뺏으며) 이모, 잘 먹겠습니다.
	동현	야이씨, 너 뒤진다 진짜!
NA	**진우**	얘는 병주다. 하루 종일 꿈을 꾸며 자는 놈이지만,

토스트를 베어 물며 신나게 달아나는 병주.

NA	**진우**	눈치 하나는 빠르다.
	동현	야, 내놓으라고!

[학교 앞, 버스정류장]

버스에서 우르르 내리는 학생들.
그 뒤로 느릿한 걸음걸이에 무리에서 뒤처지는 남학생.
불룩한 사타구니 때문에 제대로 걷지 못한다.

NA	**진우**	아, 인생은 이름 따라간다 했던가.

명찰에 적힌 이름 변태완.

NA **진우** 그래서 녀석의 별명은-

진우 (어깨동무하며) 변태왕! 너 어제 무슨 꿈 꿨냐?

병주 (태완에게 기름기 닦으며 반대쪽 어깨동무) 이 새끼 또 빨딱 섰네?

태완 (괴로워하며) 아. 야! 너무 땡기지 마. 너무 땡기지 마 병주야.

[학교, 교문 앞]

'동춘천고등학교' 앞.

학생들 모두 나이키 백포스(하얀 에어포스)를 맞춰 신고 등교 중이다.

그 사이로 나란히 교문을 통과하는 진우와 친구들.

NA **진우** 나이키와 교복을 한 세트라 여겼던 그 시절.

병주 전부다 백포스냐. 빨간 밑창이 끝판왕인데.

태완 빨창은 한국에 안 들어온대.

고문에 서 있던 선도부 성빈.

수많은 백포스 사이 빨간 밑창 에어포스를 신고 있다.

동현 야, 그럼 쟨 외국인이냐?

훤칠한 성빈이 한쪽 입꼬리를 걸어 올린다.

영신
영신
팬시

충 전

NA　**진우**　딱 봐도 재수 없게 생긴 재는,

내신 1등급을 꿈꾸며 압구정에서 전학 온 성빈이다.

성빈　왜, 빨창 첨 봐?

병주　응 처음 봐. 빨간 밑창 끝판왕.

어떻게 구했어? 이거 간지 장난 아니다.

성빈　압구정엔 다 루트가 있다. 촌놈들아.

등교하던 모든 촌놈들, 성빈을 본다.

NA　**진우**　관상은 과학이 확실하다.

진우, 이미 화단에서 신발에 흙을 비비고 있고,

진우　(성빈에게 뛰어가며) 야, 밟아!!!

와르르 달려들어 성빈의 운동화를 밟는 아이들. 뒤섞인 고함과 웃음소리.

s# 5-4	D / L	학교, 교문	CUT	16
	EXT	한국에 없는 빨창 백포스를 신은 성빈을 보며 질투를 느끼는 진우와 친구들	2002.08.02(금)8:00am	

C#1

학생들 LS

학생들 모두 나이키 백포스(하얀 에어포스)를 맞춰 신고 등교 중이다.

C#2

학생들 FS

나란히 교문을 걷는 진우와 친구들

진우NA 백포스와 교복을 한 세트라 여겼던 그 시절.

C#3

백포스 신발들 INS

Pan follow

C#4

진우 동현 병주 태완 4S WS

병주 빨간 밑창이 끝판왕인데

태완 빨창은 한국에 안 들어온대.

s# 5-4	D / L	학교, 교문	CUT	16
	EXT	한국에 없는 빨창 백포스를 신은 성빈을 보며 질투를 느끼는 진우와 친구들	2002.08.02(금)8:00am	

C#5-1

성빈 빨창 INS

빨창 신발 앞으로 백포스 신발들이 지나다닌다

Track in

C#5-2

성빈의 빨창 신발

동현 그럼 쟨 외국이냐?

C#6

성빈 OS 진우 무리 4S KS

교문에 서 있던 선도부 성빈.

C#7

진우 무리 OS 성빈 BS

뽀얗고 반질반질한 성빈이 한쪽 입꼬리를 걸어 올린다

진우NA 딱 봐도 재수 없게 생긴 쟤는, 작년에 압구정에서 전학 온 성빈이다.

C#8

성빈, 진우 무리 WS / 프로필

성빈 왜, 빨창 첨봐?

병주 와 씨 어떻게 구했냐? 간지 장난 아니네

성빈 압구정엔 다 루트가 있다. Tlrhf 촌놈들아.

S# 5-4	D / L	학교, 교문	CUT	16
	EXT	한국에 없는 빨창 백포스를 신은 성빈을 보며 질투를 느끼는 진우와 친구들	2002.08.02(금)8:00am	

C#9

병주, 태완, 동현 3S

침묵하는 병주 태완 동현

친구들 (촌놈들 전체 침묵) ...

C#10

성빈 BS

등교하던 모든 촌놈 학생들, 성빈을 본다.

C#11

흙 묻히는 INS

진우가 화단에서 신발 밑창에 흙을 비비고 있다

진우NA 관상은 과학이 확실하다.

C#12

진우 BS / 단독

진우가 뒤돌아 성빈을 향해 바라본다

진우 야 밟아

C#13

진우 FS

발에 흙을 묻힌 진우, 성빈에게 달려간다

S# 5-4	D / L	학교, 교문	CUT	16
	EXT	한국에 없는 빨창 백포스를 신은 성빈을 보며 질투를 느끼는 진우와 친구들	2002.08.02(금)8:00am	

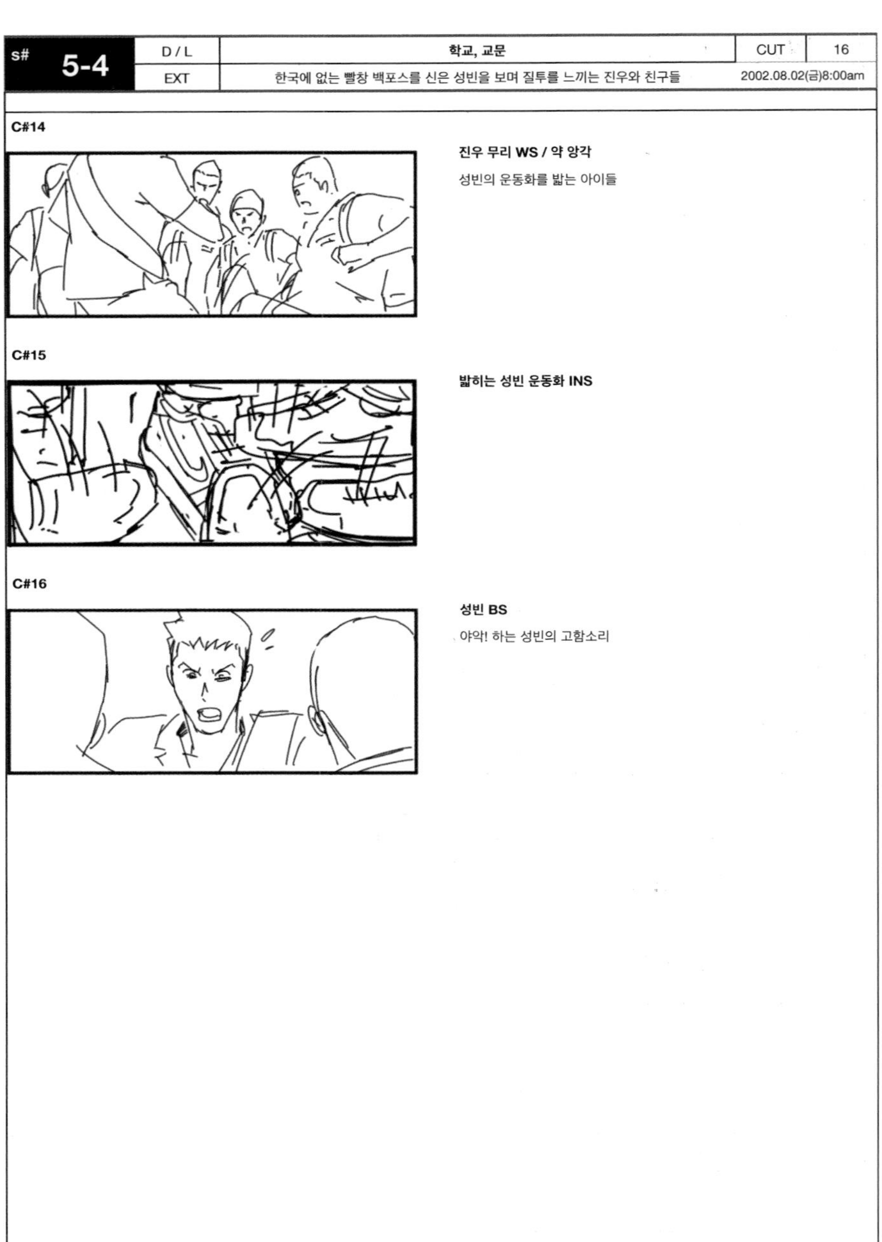

C#14

진우 무리 WS / 약 앙각

성빈의 운동화를 밟는 아이들

C#15

밟히는 성빈 운동화 INS

C#16

성빈 BS

야악! 하는 성빈의 고함소리

4. 학교, 복도 / 아침

계단을 올라오는 진우와 친구들.

NA **진우** 성격도, 생긴 것도, 미친 분야도 제각각인
이 녀석들의 공통점이 있다면….

다른 반 학생들이 교실 창문에 다닥다닥 붙어 누군가를 구경한다.
동현, 아이들을 다른 반으로 보내버리며 창문 너머를 본다.

동현 야, 뭐야. 여기 우리 반이야 우리 반. 우리 반!

NA **진우** 우리 반 반장 선아를 좋아한다는 거다.

당시 유행했던 울프컷 헤어스타일 사이에,
혼자 반듯하게 머리를 묶은 선아(18, 여).
하나로 올려 묶은 머리만큼 또렷한 얼굴이다.

NA **진우** 여기서 방점은 '녀석들'에 있다. 난 '이 녀석들'과 다르다.

진우 (창문 통해 보며) 쟤가 왜 좋냐?

동현 (창문 통해 보며) 예쁘잖아.

진우 근데 좀 촌스럽지 않냐?

동현 예쁘잖아.

교실 안, 병주가 선아에게 말을 건다.

병주 선아야, 대박이야. 박지성 내년에 유럽 간다는 얘기 들었어?

선아 박지성 유학 간대? 좋겠다. 근데 걔 몇 반인데?

병주 알아보고 다시 올게.

(자리 뜨며) 영표 형, 박지성 몇 반이지?

다시 교실 밖 복도,

진우 근데 공부 좀 잘한다고 잘난 척하는 거 난 별로-

성빈 예쁘잖아.

태완 난… 느낌이 좀 달라.

진우 (화색) 그치? 별로지?

태완 선아 걘… 섹시해.

성빈, 동현 (태완 때리며) 똑바로 좀 살아 이 새끼야. 감히 우리 선아한테!

태완, 아이들을 피해 교실로 뛰어 들어온다.

친구들이 태완을 쫓아 뛰어 들어오면, 괜히 구타에 합류해 보는 진우.

우당탕 프레임 밖으로 사라지는 아이들 뒤, 파란 하늘의 창문에서-

TITLE 그 시절,
우리가
좋아했던 소녀

실제 로케이션 세팅 이미지

버스 BUS
동춘천고등학교
11 춘천역 - 춘천시청
23 후평동 - 효자동
47 춘천공고 - 석사동
행복한 학교 함께하는 교육

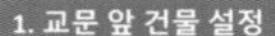

동춘천고 교문 앞_로케이션

1. 교문 앞 건물 설정

동춘천고 교문 앞_로케이션

동춘천고 교문 앞_로케이션

동춘천고 교문 앞_공간 계획안

1 ▶ 현수막 부착

2 ▶ 원형 등_2ea (밤 씬 있음)

3 ▶ 고등학교 현판 부착

4 ▶ A형 스탠드 (차량 5부제_그래픽사이즈450*600)

5 ▶ A형 스탠드(용모단정 복장단정 _ 그래픽사이즈 450*600)

6 ▶ 학교 부착물

7 ▶ 간판세팅(업체설치)

▶ 교문 앞 합성 이미지

동춘천고 교문 앞_공간 계획안

▶ 교문 앞 합성 이미지

동춘천고 교문 앞_공간 계획안

5 ▶ 학교 부착물

▶ 교문 앞 담벼락 합성 이미지

동춘천고 교문 앞_공간 계획안

1. ▶ 11710*1940 서점 간판 현수막(세트팀 작업)
2. ▶ 어닝 세트팀 제작 (7230*350)
3. ▶ 붙어있는 의자 벤치 (밤씬 있음)
4. ▶ 서점 매대, 밤씬에는 갑바천 둘러서 마감 세팅

▶ 서점 합성이미지

동춘천고 교문 앞_공간 계획안

▶ 버스드레싱 합성이미지

동춘천고 교문 앞_공간 계획안

1. ▶ 14000*1200 현수막 (업체 작업)
2. ▶ 8000*1000 현수막부착
3. ▶ 유리 유포 부착
4. ▶ 유리 유포 띠지부착
5. ▶ 유포포맥스 부착
6. ▶ 유포포맥스 부착

▶ 기숙사 합성이미지

동춘천고 교문 앞_공간 계획안

1. ▶ 덩굴 추가
2. ▶ 자전거 표지판 유포 부착
3. ▶ 기존 표지판 3ea 제거(원복필요)
4. ▶ 버스 정류장 안내판 설치

▶ 기숙사 뒷 길 합성이미지

동춘천고 교문 앞_공간 계획안

1 ▶ 제거 후 원복 (원복 시 검정 케이블 타이 필요)

2 ▶ 하숙 부착물 부착 (유포출력+포맥스1T)

3 ▶ 하숙 팻말 (배수관에 달기)

4 ▶ 학원 포스터 부착

▶ 하숙집 REF

동춘천고 교문 앞_공간 계획안

그 시절, 우리가 좋아했던 소녀

1 ▶ 실외기 시대 안 맞음-> 발로 가리기

2 ▶ 학원 관련 포스터, 찌라시 부착

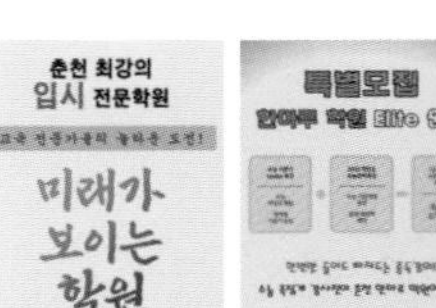

5. 학교, 교실 / 아침

원피스에 핑크 팔토시를 낀 지리선생님이 교실로 들어온다.

아이들이 우르르 자리로 돌아간다.

경례를 위해 일어나는 선아.

선아 차렷!

지리선생님 됐어 앉아. 지난 시간에… 67페이지까지 했지?

선아 82페이지요.

지리선생님 어 그럼, 83페이지 펴고.

뒤돌아서 분필로 한반도 지도를 그리기 시작하는 선생님.

쓸데없이 너무나 정교하다. 아이들, 모두 자세가 풀린다.

대동여지도의 김정호 마냥, 혼신의 힘을 다해 한반도를 그리는 선생님.

지도에 음영을 넣기 시작한다. 이를 지켜보는 따분한 진우의 표정.

NA **진우** 열여덟. 그 시절 우리는 인간의 3대 욕구에 가장 목말라 있었다.

감자 두 개를 통째로 입안에 욱여넣는 동현.

NA **진우** 식욕.

이미 자고 있는 병주.

NA 진우 수면욕.

책상 아래로 연예 잡지를 넘기던 태완. 야한 사진이 나오자, 얼굴이 환해진다.

NA 진우 성욕. 아, 그리고 남자들에게만 있는 제4의 욕구.

노란 고무줄을 손에 건채, 잡지를 조준하는 진우.

NA 진우 조준욕이다.

탕! 잡지에 맞는 고무줄.
기척을 느낀 태완이 돌아보면, 진우가 잡지를 달라고 손짓한다.

진우 빨리 달라고.
지리선생님 조용. (지도 그리며) 뒤로도 다 보인다.

태완, 선생님 눈치를 보더니 고개를 젓는다.
진우가 다시 고무줄을 장착해 쏜다.
툭! 이번엔 태완의 등에 맞고 뒷자리 선아의 책상에 떨어진 고무줄.

지리선생님 (여전히 지도 그리며) 딴짓하지 마라. 마지막 기회다.

선아, 진우를 흘겨본다.
진우가 책상 위 지우개를 던진다. 태완이 맞받아쳐 지우개를 던진다.

진우, 태완이 던진 지우개를 캐치해 다시 던진다.
태완, 액상 화이트를 던지지만 빗나간다.

지리선생님 말했다.

진우, 샤프도 없는 책상을 살피다 우유갑을 던진다.
태완 등에 맞은 우유갑, 선아 책상 위로 떨어지며 퍽! 터진다.
엉망이 되는 교과서.

선아 (자기도 모르게) 야!

그 소리에 엎드려 있던 병주가 '어?'하며 화들짝 일어나고,
동현은 감자를 먹다 '컥' 목에 걸린다.
순간, 진우의 머리에 정확히 날아와 명중하는 분필!

지리선생님 야 이 썅노무새끼야!
NA 진우 선생님의... 쌍욕?
지리선생님 지금까지 열심히 떠든 놈들 다 일어나.

진우가 먼저 일어나고, 선아가 억울한 표정으로 일어나고,
얌체 병주는 괜히 기지개만 켠다.

지리선생님 다 일어나라고 했다.

태완이 차마 일어나지 못하면,

지리선생님 변태완, 안 일어나?

손을 앞으로 가린 태완이 어기적어기적 일어난다.

지리선생님 (다가오며) 변태완. 너 뭐 숨겼어.

태완 (소심하게) 숨긴 거… 없는데요.

지리선생님 (다가오며) 너 지금 손에 숨기고 있는 거 있잖아.

태완 (난감하고) 쌤, 숨긴 게 없어요.

지리선생님 손 치우고 똑바로 서.

태완 (울상)

지리선생님 똑바로 서!

태완이 손을 내리면 불룩한 바지가 드러난다.
여학생들 민망해 소리 지르고, 남학생들 키득거린다.

지리선생님 (당황한 기색 없고) 똑바로 해.

태완 이게 똑바론데요….

아이들 '까르르' 웃음 터진다.

로케이션 동춘천고 측량 이미지

로케이션 동춘천고 측량 이미지

로케이션 동춘천고 측량 이미지

로케이션 동춘천고 측량 이미지

실제 로케이션을 바탕으로 한 미술컨셉 자료

실제 로케이션을 바탕으로 한 미술컨셉 자료

실제 로케이션을 바탕으로 한 미술컨셉 자료

실제 로케이션을 바탕으로 한 미술컨셉 자료

세팅 완료 이미지

세팅 완료 이미지

세팅 완료 이미지

세팅 완료 이미지

6. 학교, 교무실 앞 복도 / 낮

입에 우유갑을 물고 손을 든 진우. 옆에 나란히 선 선아와 태완.
노총각으로 보이는 담임선생님(음악담당)이 리코더를 쥔 채 아이들을 나무란다.

담임 으이구, 내가 니 땜에 자다가도 벌떡 일어난다! 벌떡벌떡!

진우 (우유갑 문 채 쌍따봉)

담임 (진우 머리를 딱!) 고2나 되가지고 정신 못 차리나. 니 수능 코 앞에 서도 그랄 수 있나!

진우 (잠시 생각하다 끄덕끄덕)

담임선생님, 진우의 구레나룻을 잡아당기면

진우 아~~~

담임 (화음 넣어) 아~~~하 그렇구나. 아, 하! 그렇구나. 닌 수능 때 보자.

담임선생님, 이번엔 선아가 타깃.

담임 그리고 선아 니는. 안 그러던 아가 와이라노.

선아 (억울하지만) 죄송합니다.

담임 반장 니까지 그라믄 우리 반 분위기- (하다가 눈에 들어오는 태완) 니는 와 제대로 서 있질 못해에. 똑바로 서!

곧바로 태완의 머리를 딱!
태완이 '악' 머리를 감싸 쥐며 손을 올리는 바람에 아직 불룩한 바지가 드러난다.

담임　　정신 차려!

구진우 니. 벌로 선아 앞에 앉는다. 선아 닌, 벌로 구진우를 감시 한다. 태완이 닌... (태완 바지 보며) 화장실 갔다 온나.

태완　　감사합니다.

7. 학교, 운동장 / 낮(오후)

체육복을 입은 아이들이 삼삼오오 모여 있다.
줄넘기를 뛰거나 배구공 연습을 하는 학생들.
병주는 태완이의 무릎을 베고 자고 있고, 동현은 바닥에 앉아 핑클빵을 뜯는다.

동현　　제발, 제발, 얍! (스티커 꺼내) 아싸! 성유리!!! 유리누나!!!

진우가 개수대에서 주변 친구들에게 물장난을 친다.
그러다 고개를 돌려 물을 받아먹다 보이는-

지수가 선아에게 걸그룹 댄스를 보여주고 있다.
큰 키에 인형 같은 비율을 자랑하지만 춤 실력은 몸치에 가깝다.

지수　　come in to my life ye, make me fly again ye

늘 바래왔던 상상처럼.

always be with you ye, are the one for me ye

내게 눈이 먼 것처럼.

잘 나가던 지수가 삐끗, 안무를 틀리고,

지수 (울상) 하… 또 또 떨어지겠다, 진짜.

선아 저번보다 훨씬 좋아졌는데? 느낌 있어!

지수 어때 삘 좀 나?

선아 응!

진우 큭. 니들 삘이 뭔질 모르는구나.

진우가 입가에 물기를 닦으며 끼어들고, 앉아 있던 동현에게 소리친다.

진우 헤이 뚱! 컴온 요.

원, 투, 쓰리, 포 (노래 부른다) 개미 두 마리 예! 개미 세 마리 예!

다 합쳐서 다섯 마리!

핑클의 Now를 부르자, 즉각 일어나 춤을 선보이는 동현.

몸치지만 표정만은 필로 충만한 1위 댄스 가수다.

병주 역시 삘은 뚱덕이야. 뚱덕아 빵 더 먹어.

동현 야, 초코야 생크림이야?

진우 (지수 보며) 야 너는 어케 맨날 연습한다는 애가 뚱덕보다 못 추니?

지수 내가? 재보다? 못 춘다고? 하!

지수, 다시 동현을 보는데,

자신의 춤에 푹 빠진 모습이 어딘가 설득력 있어 보이고.

진우 저런 삘은 백날 노력해 봐야 안 나온다.

선아 (뾰족) 구진우. 니가 노력이란 걸 해본 적은 있어?

진우 난 그딴 거 안 해. 노력이란 걸 하는 순간, (씨익) 내가 어떻게 될지 두렵거든.

선아 너처럼 입만 살아 있는 애들은 평생 발전 못 할걸.

진우 너처럼 가망 없는 애한테 우쭈쭈 해주는 게 더 나쁜 짓일걸?

눈물을 글썽이는 지수. 결국 울음이 터진다.
선아가 지수를 위로하며 진우를 노려본다.
진우가 아무렇지 않게 뒤돌아 걷는데, 농구공이 날아와 머리에 명중.

진우 악! (두리번) 누구야!

성빈 한판 뜨자.

진우 야, 요즘 누가 농구하냐? 축구로 해, 축구로!

농구공을 뻥 차는 진우.
포물선을 그리며 출렁! 골대에 들어가는 농구공.
아이들 환호성이 터져 나온다.

지 문
춘천우유
구진우

오선아

오선아

s#	9	D / L	학교, 운동장	CUT	31
		EXT	지수의 춤을 보고 있는 진우와 선아, 동현의 춤을 보여주며 춤은 뻴이라 말한다	2002.08.02(금)13:45pm	

C#1

학교 운동장 전경 FS / 측면

스탠드 계단에 앉아있는 여학생들, 족구하고 있는 남학생들

C#2

족구하는 무리 WS

진우와 친구들이 족구를 하고 있다

C#3

농구하는 무리 WS

성빈과 친구들이 농구를 하고 있다

C#4

진우 WS

수돗가에서 물을 뿌리고 있는 진우

C#5

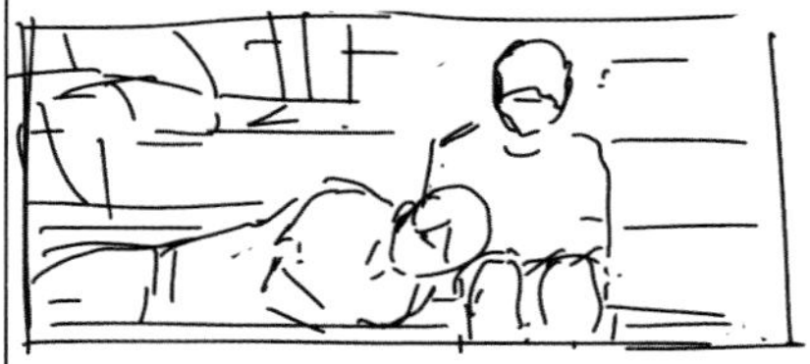

병주 태완 WS

태완 무릎에 누워있는 병주 KS

C#6

핑클빵 INS

핑클빵을 뜯고 있는 동현의 손

s# 9	D / L	학교, 운동장	CUT	31
	EXT	지수의 춤을 보고 있는 진우와 선아, 동현의 춤을 보여주며 춤은 삘이라 말한다	2002.08.02(금)13:45pm	

C#7

동현 WS

계단에 앉아 핑클빵을 뜯어 먹는 동현

동현 (스티커 꺼내) 아싸! 성유리!!! 아싸 아싸 유리누나!!!

C#8

지수 KS

계단에 앉아있는 여학생들과 선아 앞에서 춤을 추는 지수

지수 You still my number 1~ 날 찾지 말아줘~ 나의 슬픔 가려줘

C#9

진우 BS

수돗가에서 물을 마시는 진우

지수 (울상) 하... 또 떨어지면 어떡해...

C#10

선아 OS 지수 BS

잘 나가던 지수가 삐끗, 안무를 틀리고

지수 (울상) 하... 또 떨어지면 어떡해...

C#11

지수 OS 선아 BS

선아 저번보다 훨씬 좋아졌는데? 느낌 있어!

지수 진짜? SM 삘 좀 느껴져?

s# 9	D / L	학교, 운동장	CUT	31
	EXT	지수의 춤을 보고 있는 진우와 선아, 동현의 춤을 보여주며 춤은 삘이라 말한다	2002.08.02(금)13:45pm	

C#12

선아 지수 OS 진우 FS

공을 줍던 진우가 느닷없이 끼어든다

진우 큭. 니들 삘이 뭔질 모르는구나. 진짜 삘이 뭔지 보여줘?

C#13

선아 BS

진우를 물끄러미 바라보는 선아

C#14

진우 BS

앉아있던 동현에게 소리치는 진우

진우 헤이 뚱! (노래 부른다) 개미 두 마리 예! 개미 세 마리 예! 다 합쳐서 다섯 마리!

C#15

진우 OS 동현 FS

핑클의 Now를 부르자, 즉각 일어나 기가 막힌 춤을 선보이는 동현.

지수 (울상) 하... 또 떨어지면 어떡해...

C#16

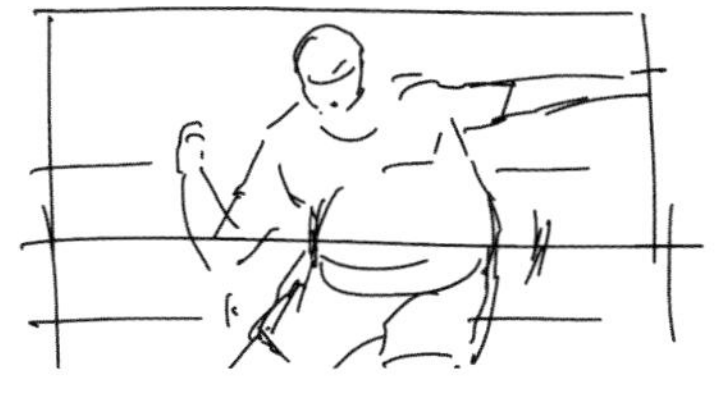

동현 WS

통통한 외모와 다르게 예사롭지 않은 웨이브와 리듬. 동현의 살들이 유려하게 출렁인다.

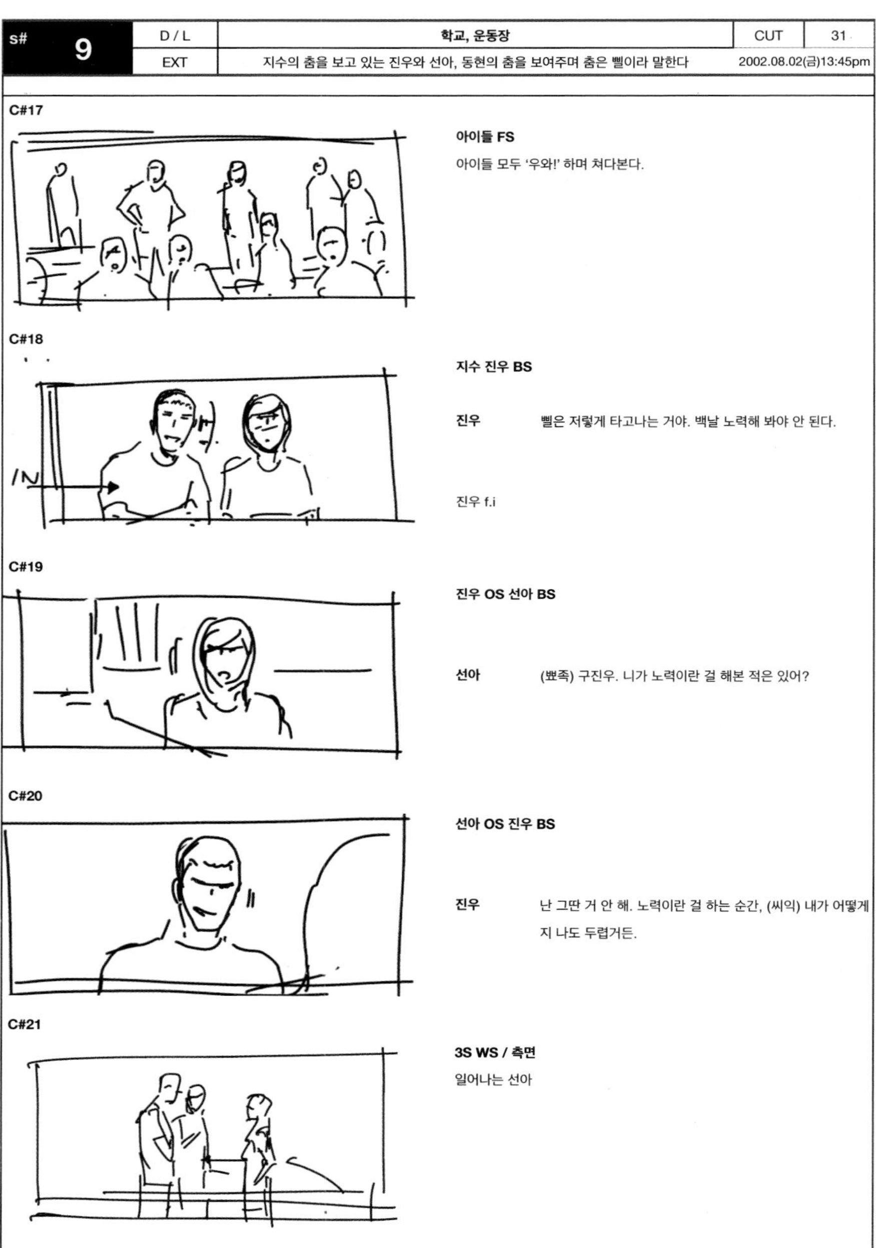

s# 9	D / L	학교, 운동장	CUT	31
	EXT	지수의 춤을 보고 있는 진우와 선아, 동현의 춤을 보여주며 춤은 삘이라 말한다	2002.08.02(금)13:45pm	

C#17

아이들 FS

아이들 모두 '우와!' 하며 쳐다본다.

C#18

지수 진우 BS

진우 삘은 저렇게 타고나는 거야. 백날 노력해 봐야 안 된다.

진우 f.i

C#19

진우 OS 선아 BS

선아 (뾰족) 구진우. 니가 노력이란 걸 해본 적은 있어?

C#20

선아 OS 진우 BS

진우 난 그딴 거 안 해. 노력이란 걸 하는 순간, (씨익) 내가 어떻게 지 나도 두렵거든.

C#21

3S WS / 측면

일어나는 선아

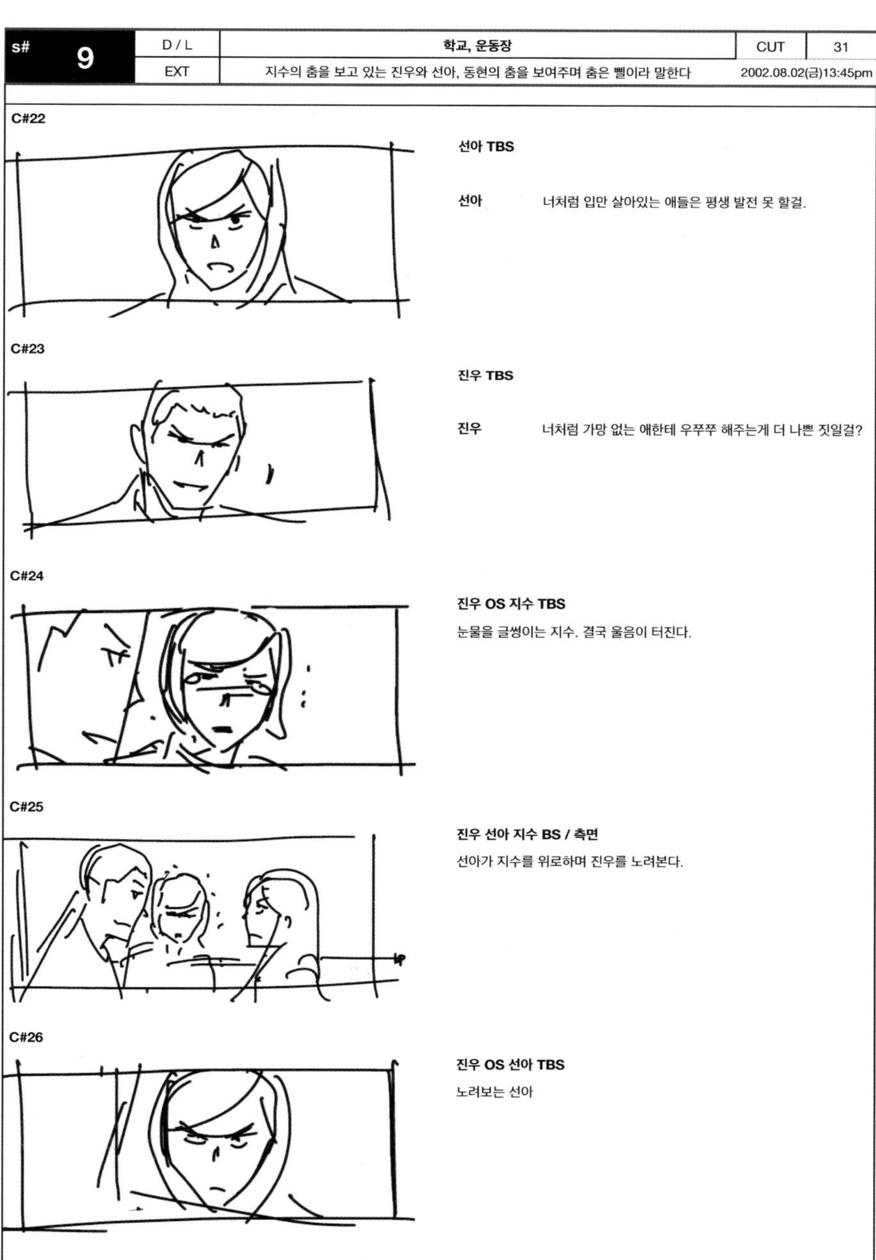

s# 9	D / L	학교, 운동장	CUT	31
	EXT	지수의 춤을 보고 있는 진우와 선아, 동현의 춤을 보여주며 춤은 뻥이라 말한다	2002.08.02(금)13:45pm	

C#22

선아 TBS

선아 너처럼 입만 살아있는 애들은 평생 발전 못 할걸.

C#23

진우 TBS

진우 너처럼 가망 없는 애한테 우쭈쭈 해주는게 더 나쁜 짓일걸?

C#24

진우 OS 지수 TBS

눈물을 글썽이는 지수. 결국 울음이 터진다.

C#25

진우 선아 지수 BS / 측면

선아가 지수를 위로하며 진우를 노려본다.

C#26

진우 OS 선아 TBS

노려보는 선아

폐교 운동장 작업 전 이미지

폐교 운동장 작업 전 이미지

폐교 운동장 작업 전 이미지

폐교 운동장 작업 전 이미지

제초 및 조경 작업 진행 이미지

제초 및 조경 작업 진행 이미지

제초 및 조경 작업 진행 이미지

제초 및 조경 작업 진행 이미지

8. 진우의 집, 곳곳 / 밤

털털 돌아가는 선풍기 앞에 당당히 서서 어딘가를 말리는 진우.

승희 구진우! 옷 좀 입어라. 누굴 닮아서 저러냐….

그 뒤로, 음식 간을 보는 경호(진우의 아빠)가 보인다.
맨몸에 '투혼' 글자가 수놓인 앞치마를 둘렀다.

cut to / 진우의 집, 부엌

엄마 옆 식탁에 앉는 진우. 박지성 유니폼을 입었다.

경호 응, (수저 내려놓으며) 왔니.

진우 네.

경호 오늘, 니가 다니는 동춘천고로부터 매우 흥미로운 전화 한 통을 받았다.

진우 !

엄마 ?

경호 반장 앞자리로 옮겨서 공부 열심히 하기로 했다고?

진우 그…죠?

경호 그렇게 안 하던 짓 하면~

경호가 5색 양장피와 멘보샤를 양손에 들고 온다.

경호 더 좋은 걸 먹일 수밖에~

승희 (서류 치워 놓으며) 어째 식비가 자꾸 늘어?

진우 (젓가락 들고) 학원 안 가서 아낀 돈이니까 맘껏 드세요.

승희 (자리에서 일어나며) 그냥 학원을 다시 갔으면 좋겠다.

승희, 냉장고에서 무언가를 꺼내온다.

경호 냅둬요, 응? 인제 반장이랑 공부 열심히 한다잖아.

진우 (사레) 컥...!

승희가 자연스럽게 고량주를 물컵에 따르면, 경호가 준비된 안주를 건넨다.

무심하게 받아먹는 승희.

티격태격하는 대화지만 따듯하고 화기애애한 저녁 분위기.

진우 집 세팅 사진

진우 집 세팅 사진

진우 집 세팅 사진

진우 집 세팅 사진

9. 학교, 교실 / 아침

반짇고리를 들고 들어오는 남자 기술가정선생님.
얼굴은 술톤으로 빨갛게 홍조가 껴 있다.

선아 차렷, 경례.

학생들 (건성) 안녕하세요.

기가선생님 다시.

선아 (얼떨떨) 차렷, 경례.

학생들 (제대로) 안녕하세요.

기가선생님 너네 기술 가정은 수능에 없어서 무시하는 거니?

학생들 아니요.

기가선생님 그럼 날 무시하는 거지?

학생들 ….

기가선생님 하. 20분 있다가 쪽지 시험 본다. 다들 교과서 꺼내!

학생들 '아아~' 소리 내며 바느질 수업을 위해 준비해 둔 천과 반짇고리를 치운다.
사물함으로 가거나, 가방을 뒤적여 교과서를 꺼내는 학생들 사이,

기가선생님 빨리빨리 꺼내.

선아 어?

서랍을 확인한 선아의 표정이 심각하다.

기가선생님 교과서 안 가져온 사람은 있겠지?
당연히 있다면 난 그걸 나에 대한 사랑으로 받아들이겠다.

NA **진우** 기가선생님의 사랑은 아무나 감당 못한다.

가가선생님 일어나.

NA **진우** 갱년기 예민보스... 그리고 그 사랑을 쟁취한다면,

불안한 표정의 선아가 일어나려는 순간,
기술 가정 책을 뒤로 슬쩍 건네곤 일어나는 진우.

NA **진우** 시험을 쨀 수 있다.

선아, 진우의 행동에 놀란 표정. 의도를 모르겠다.

진우 뒤에 서 있을까요?

가가선생님 반갑다.

cut to

선풍기와 매미 소리가 조용한 교실을 채운다.
아이들은 기술 가정 책을 펼쳐 공부 중.
선생님은 나무로 된 안마 지팡이를 들고 책상 사이를 걷는다.
선생님이 지나가면 '으 술 냄새' 하는 학생들.

가가선생님 너네 지금 속으로 루돌프 개짜증, 또 지랄이네. 어? 이러고 있는 거다 안다. 국영수만 열심히 하면 좋은 대학 가고 좋은 회사 가서 성공할 거 같지? 행복은 거기 있지 않다. 기술 가정은 인간 생활의 3대 요소인 의, 식, 주. 어? 주! 그리고 그 안에 담긴 삶과 존재에 대한 이야기다. 너희들이 삶의 노예가 되지 않으려면 무엇인가 하나에는 꼭 취해 있어야 한다. 꿈꾸는 것이든, 사랑이든, 바람이든, 나무든....

창문 너머 복도엔 의자 하나가 뒤뚱거리고 있다.
미안하고 불편한 얼굴로 교과서와 복도를 번갈아 보는 선아.
책장을 넘기다 빤히 보게 되는 교과서 모서리.
보면, 꽤나 멋진 그림체로 오토바이 낙서가 그려져 있다.
낙서 아래엔 '나에겐 꿈이 없었다. 나에겐 꿈이 없다. 나에겐 꿈이 없을 것이다.'
선아가 뒷문으로 보이는 진우를 쳐다본다.
의자를 든 채 오리걸음으로 스쿼트를 하려는 듯 요상한 자세로 벌서는 진우.
어휴, 싫은 표정으로 뒷장을 넘겨보면, 모션 캡처처럼 연결된 오토바이 그림.
책장을 빠르게 넘겨본다.
오토바이가 앞으로 달리며 자유를 만끽하는 정우성의 모습에서-

10. 학교, 교정 / 낮

오토바이에서 같은 포즈를 취하는 진우가 사이드미러에 비친다.
카메라 빠지면, 멈춰 있는 중국집 오토바이.
눈을 감고 멋에 취해 '비트'의 정우성 대사를 읊는 진우.

진우	(오토바이 소리 내며) 좋은 냄새가 난다.
	(진짜 나는 거 같고) 난다. 킁킁. 좋은 냄새. 진짜 난다. 뭐지?
선아	(다가와) 구진우.
진우	(눈 뜨고) ?
선아	아까는 고마웠어.
진우	어차피 오늘 하체하는 날이야.
선아	어쨌든 고마워.
진우	근데… 맨입으로? 고마우면 뭐라도 가져왔어야지 왜 빈손이냐?

그때, 건물에서 나오는 배달 아저씨.

배달원 야 임마. 짜져.

진우, 서 있던 오토바이에서 내려온다.

진우 (오토바이 툭툭) 잘 가, 친구.

진우가 멋지게 뒤돌아서 자리를 뜬다.
선아가 뒤따라 걷다 묻는다.

선아 (심각한 말투로) 근데 너 진짜 꿈이 없어?

진우, 예상치 못한 질문에 걸음을 멈추고,

선아 꿈이 없어서 공부 안 하는 거야?

진우 아니. 뭐래.

선아 그럼 왜 공부 안 해?

진우 말했잖아. 두려워서 안 한다고.

선아 ?

진우 맘먹고 공부하면 너~무 잘할까 봐. 내 자신이 두렵다고나 할까.

그때, 진우의 머리를 퍽! 강타하는 농구공.

진우 아!

성빈 왜 안 와?

진우 아니 쟨 성격이 왜 이렇게 급해. 간다 가.
아, (선아에게) 그런 거 궁금해 하지 마. 다친다.
야, 니네 다 뒤졌어! 덤벼!

선아, 농구공을 굴리며 멀어지는 진우의 뒷모습을 빤히 본다.
진우와 걸어가며 그런 선아를 뒤돌아보는 성빈.

11. 학교, 농구장 / 낮

3:3 농구를 시작하는 아이들.
진우, 병주, 동현vs성빈, 태완, 지수.

NA 진우 이제 다시, 대세는 농구다. 슬램덩크를 아는가.

진우가 현란한(웃긴) 드리블로 공을 몰아, 닿지도 않을 거리에서 3점 슛을 시도한다.

NA 진우 왼손은 거들 뿐.

공은 골대에 닿지도 못하고 실패.
병주가 떨어진 공에 맞아 졸음을 깨더니 진우에게 대충 공을 던져준다.

NA 진우 중요한 건 승부가 아니라 퍼포먼스다. 얼마나 멋지게 슛을 쐈는지가 승패보다 더 중요하단 소리다.

졸음에 가득한 병주가 지수에게 치여 날아가자, 동현과 태완이 놀라 몸을 사린다.
여학생들이 농구장 옆으로 모여든다.

진우 완벽해.

진우는 계속해서 개폼으로 3점 슛만 시도한다.
보고 있던 여학생들 웃겨 깔깔거린다.
하지만 재빠르게 가로채 슛을 성공시키는 성빈. 여학생들 '와아~' 탄성한다.

동현 야, 나 안 뺏겼어.

병주 뭐하는 거야?

진우 야, 우리 잘 싸웠어.

병주 뭘 잘 싸워. 이미 졌는데 새끼야!

동현 좋냐? 좋냐? 아이스크림 니가 사. (걸어가며) 야 니네 먹는 거로해.

병주 (동현과 함께 가며) 야, 니네 자는 거로 해.

동현 한 판 더 붙어 이씨.

병주 지수 빼.

예비종이 울린다. 구경하던 여학생들과 다른 친구들 교실로 들어간다.

성빈 (진우에게 다가오며) 야. 내가 이겼지? 시키는 대로 해라.

진우 (분한) 뭔데. 말해.

성빈 선아 좀 그만 괴롭혀.

진우 푸하하. 뭐냐. 니네 사귀냐?

성빈 나 농담 아니다.

진우 (피식) 다음부턴 게임 전에 말해라.

진우가 골대에 공을 던지고 돌아선다. 멋지게 날아가다 팅, 림 맞고 떨어지는 공.

성빈 병신.

12. 학교, 교실 / 낮

학생 둘이 우유 급식을 가져와 교단에 올린다.
그 뒤로 진우가 땀을 털며 들어오다 우유 하나를 집어 자리에 앉는다.
단추 몇 개를 풀어헤치고 눈을 감은 채 선풍기 바람을 쐬는데,

선아 (뒷자리에서) 구진우.

진우, 대꾸가 없다.
선아가 손으로 진우를 치려다, 파란 볼펜을 꺼내 등을 찌른다.

진우 왜.

선아 (노트 주며) 이거.

진우 (대충 보고) 뭔데. 러브레터냐?

선아 다음 주 국영수 수행평가 예상 문제야. 쌤들이 좋아하는 유형 분석해서 뽑은 거.

진우 (별 감흥 없고) 아~ 이게 그 말로만 듣던 족집게?

받아서 열어보지도 않고 책상에 던져놓는 진우.
선아가 또 파란 볼펜으로 등을 찌른다.

진우 또 뭐.

선아 이건 참고서.

진우 이런 거 달라고 한 적 없는데.

선아 맨입으론 안 된다며. (참고서 밀며) 내가 준 것만 풀어도 수행평가 반은 맞출 수 있을 거야.

진우 엄마세요? 왜 참견이야.

선아 …무시하기 싫으니까.

진우 아. (제대로 뒤돌아보고) 너 그럼 여태까지 나 무시했단 거네? 공부 못해서? 공부 좀 잘하면 사람 막 무시해도 되냐?

선아 그게 아니라….

진우 그냥 계속 무시해. 난 상관없거든. (참고서 다시 돌려주고)

선아 (화난 듯 힘주어) 공부 못하는 사람을 무시하는 게 아니라-
내가 무시하는 건, 노력하는 사람 무시하는 사람이야.
자기는, 그만큼 노력도 안 하면서!

선아, 진우의 책상에 다시 참고서를 두고 우유를 가지러 나간다.
진우, 앞에 놓인 참고서를 빤히 본다.
참고서 위에 붙은 포스트잇이 선풍기 바람에 팔랑인다.

13. 진우의 집, 방 / 밤

벽에 붙은 커다란 세계지도, 영화 포스터(정우성의 비트, 태양은 없다), 만화 캐릭터를 그린 그림들 보인다. 선풍기 바람을 맞으며 빨간 조던 저지를 입고 책상에 앉아 무언가를 읽고 있는 진우.

진우　　　　그러니까, 이렇게 하면 다 된다는 거 아니야.
근데 왜 이렇게 어려운거야? 아 이게 아닌데 이거….

보면, 양손에 글러브를 끼고 어렵사리 만화책(더 파이팅)을 넘겨보고 있다.
책장이 잘 넘어가지 않자, 장갑에 침을 발라 넘겨보는데.

진우　　　　(몰입해서) …그렇지, 그렇지.

진우, 벌떡 일어나 제대로 복싱 장면을 따라 해본다.
좁은 방안을 헤집으며 땀이 나도록 움직이는 진우, 그러다 그만 책상 위 가방을 툭- 쳐버리는데. 그 바람에 선아가 준 노트 빠져나오며 책상 귀퉁이의 슈퍼 푸드 주스를 쳐 쏟아진다.

진우　　　　아씨… (젖은 노트를 들고 툭툭 털다가) 내 거 아닌데.

노트 안, 색색 팬으로 적힌 예상 문제와 풀이 필기.
한 손으로 몇 페이지 힘겹게 넘기다가, 자연스럽게 책상 의자에 앉는 진우.

진우　　　　글씨는 예쁘네.
NA 진우　　　　글씨가 예뻐서, 나도 모르게, 그 자리에서 끝까지 읽고 말았다.
글씨가. 너무 예뻐서.
물론, 그날 이후 갑자기 공부가 하고 싶어졌다는 건 아니다.

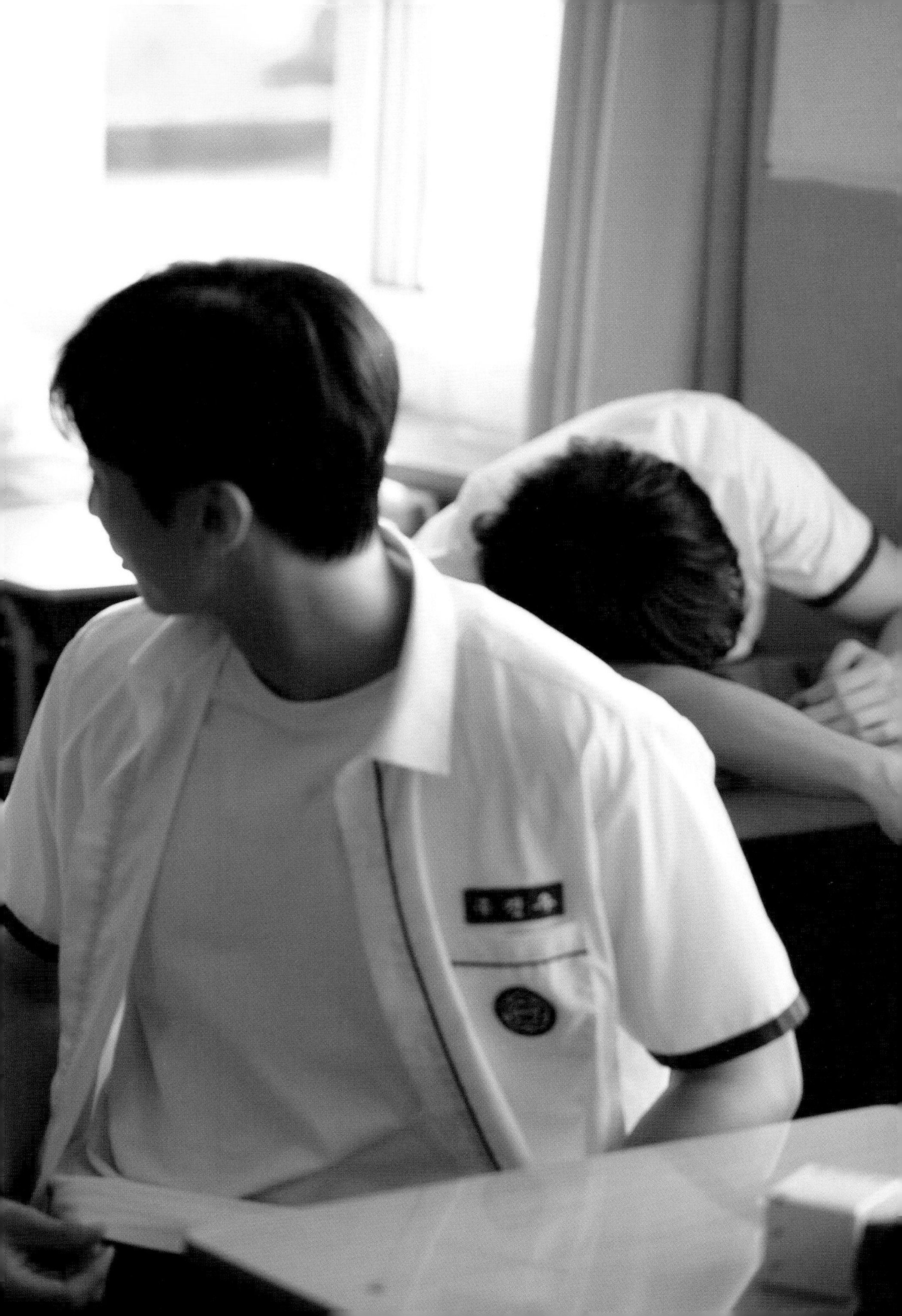

14. 춘천향교 / 낮

오래된 한옥. 초록빛 무성한 나무들 사이로 고즈넉한 자태다. "춘천향교 예절교실" 현수막 아래로 예절교육을 받으러 온 동춘천고 학생들로 북적인다.

안채, 여학생 방.
예절 선생님에게 한복 입는 법을 배우는 여학생들 사이 선아가 보인다.
자기 옷을 다 입고 지수의 어설픈 저고리 옷고름을 매만져 주는 선아.

남학생 방에선 한복을 입다가 바지를 밟고 넘어지는 병주, 옷이 작아 안 들어가는 동현, 진우에게 바지를 뺏기고 아랫도리를 가리느라 정신없는 태완.
혼자만 제대로 옷을 갈아입은 성빈, 한심하다는 표정으로 고개 절레절레.
난리다.

한옥 툇마루.
여학생과 남학생들 모여 절하는 법을 배운다.
한복을 입은 선아의 고운 자태에 눈이 휘둥그레지는 친구들.

동현	…선녀다.
태완	그래서 이름이-
병주	선아….

선아의 얼굴을 흘끔대는 진우, 문득 선아와 눈이 마주친다.
진우, 슬그머니 시선을 피하더니 한복 입은 선아를 다시 흘끔.

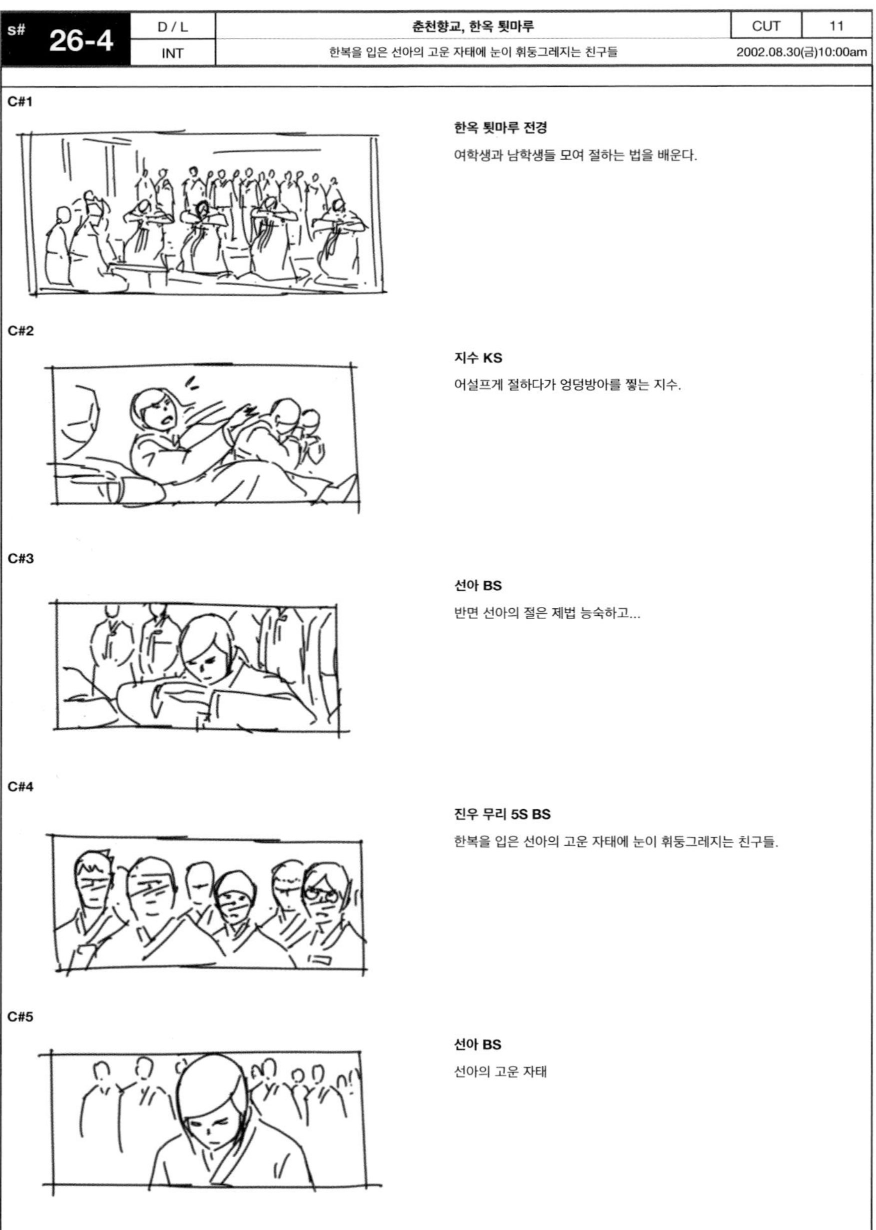

S# 26-4	D / L	춘천향교, 한옥 툇마루	CUT	11
	INT	한복을 입은 선아의 고운 자태에 눈이 휘둥그레지는 친구들	2002.08.30(금)10:00am	

C#1

한옥 툇마루 전경

여학생과 남학생들 모여 절하는 법을 배운다.

C#2

지수 KS

어설프게 절하다가 엉덩방아를 찧는 지수.

C#3

선아 BS

반면 선아의 절은 제법 능숙하고...

C#4

진우 무리 5S BS

한복을 입은 선아의 고운 자태에 눈이 휘둥그레지는 친구들.

C#5

선아 BS

선아의 고운 자태

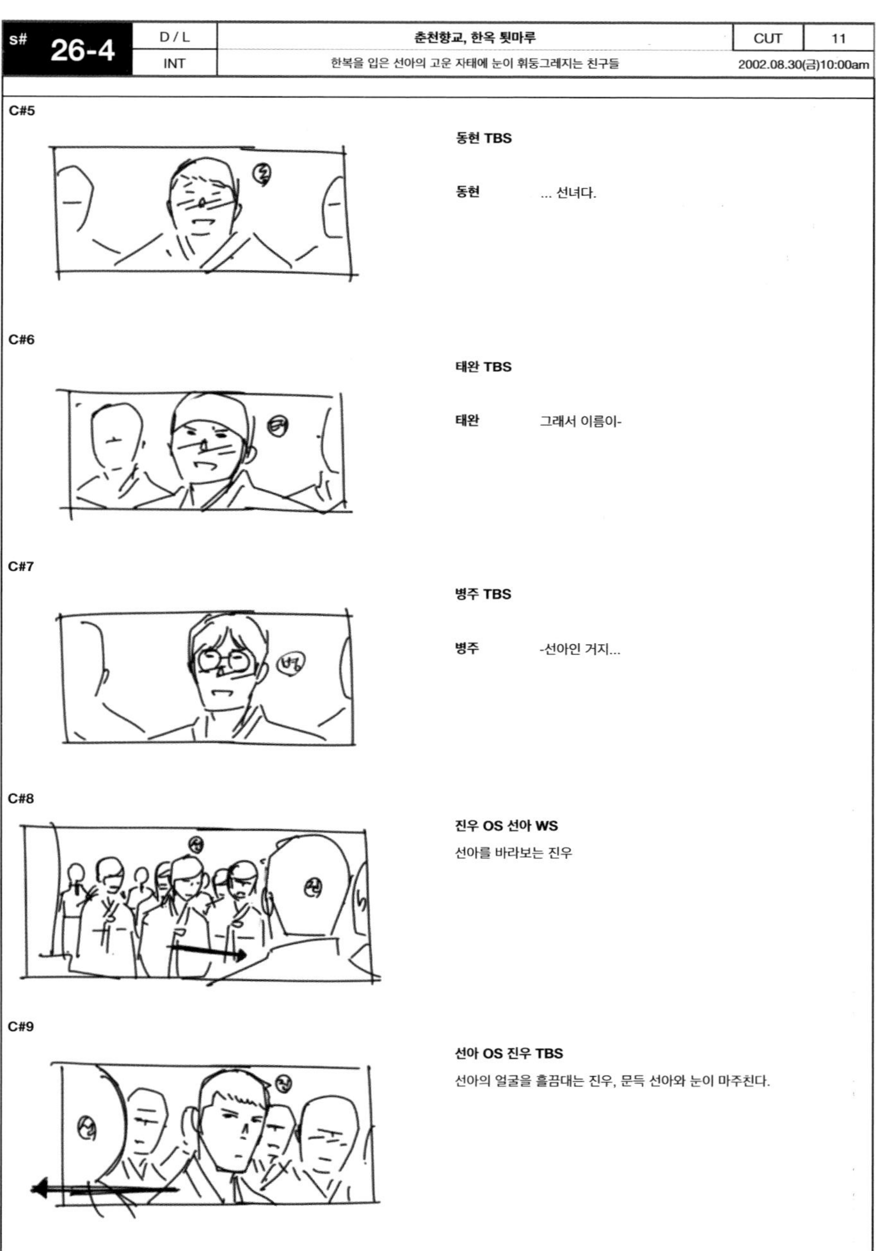

s# 26-4	D / L	춘천향교, 한옥 툇마루	CUT	11
	INT	한복을 입은 선아의 고운 자태에 눈이 휘둥그레지는 친구들	2002.08.30(금)10:00am	

C#5

동현 TBS

동현 ... 선녀다.

C#6

태완 TBS

태완 그래서 이름이-

C#7

병주 TBS

병주 -선아인 거지...

C#8

진우 OS 선아 WS

선아를 바라보는 진우

C#9

선아 OS 진우 TBS

선아의 얼굴을 흘끔대는 진우, 문득 선아와 눈이 마주친다.

s# 26-4	D / L	춘천향교, 한옥 툇마루	CUT	11
	INT	한복을 입은 선아의 고운 자태에 눈이 휘둥그레지는 친구들	2002.08.30(금)10:00am	

C#10

진우 OS 선아 BS

선아와 눈이 마주친다

C#11

태완 TBS

진우, 슬그머니 시선을 피하더니 한복 입은 선아를 다시 훌끔.

미술팀 춘천향교 세팅안

춘천향교_로케이션(외관/여학생 방, 남학생 방)

춘천향교_로케이션(한옥 툇마루)

춘천향교_그래픽

▶ 남학생방/여학생방

★로케이션 짐들 한쪽으로 몰아 보관

1 ▶ 8폭 병풍 / 2ea
앞면(그림) : 여학생 세팅 / 뒷면(글) : 남학생 세팅
*현장 : 가로폭 3.4M / 바닥~보 1.7M

2 ▶ 행거, 옷걸이

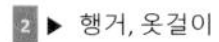

▶ 수량 체크 필요

3 ▶ 마네킹대 / 1ea

4 ▶ 전통족자 / 2ea

춘천향교_그래픽

▶ 툇마루

REF. 방석 세팅 참고

1 ▶ 방석

▶ 수량 체크 필요(현장에 20개정도 있음)

2 ▶ 훈장님 책상 / 1ea

▶현장 서안 사용가능한 지 확인필요

3 ▶ 병풍 / 2ea

▶ 에어컨, 거울 가리기

15. 학교, 교실 / 아침

진우가 교실로 들어온다.

자기 자리에 성빈이 앉아 뒷자리 선아와 함께 책을 보고 있다.

	성빈	그치. 3번이 좀 까다롭지.
	선아	넌 인수분해로 풀었어?
	성빈	어, 응 봐봐. 내가 알려줄게. 인수분해를 적용하면….
	진우	(불쑥) 멀쩡한 인수를 왜 분해하냐. 비켜.
	성빈	(올려다보기만) 한, 한 문제만 더 보면 되거든.
	진우	나도 공부해야 돼. 비키라고.
	성빈	니가? 공부를? 진우가 좀 짓궂네.
	진우	비켜 이씨. 비키라고.
	성빈	이따 다시 올게.
	선아	으응.
NA	**진우**	(성빈 밀치며) 그랬다. 사실 나도 공부 중이었다.

16. 진우의 집, 아파트 전경 / 밤

진우(E)	으아악!!!!

아파트 단지를 울리는 진우의 비명.

이에 놀란 동네 강아지들이 사방에서 월월 짖는다.

17. 진우의 집, 방 / 밤

머리를 쥐어뜯으며 소리 지르는 진우.

검은 나시에 복서 반바지를 입고 있다. 선아가 준 노트를 펴 놓은 상태.

경호 (앞치마 차림으로 국자 들고 뛰어와) 왜! 왜! 왜!

진우 아빠. 공부 잘한다고 뭐가 달라져요? 네? 인생이 달라져요?

경호 (차분하게) 많은 것이 달라진단다.

승희(E) 여보! 이거 뭐야? 뭘 산 거야!

경호 (방문 보며) 그거… 꽃빵 좀 찌려고~

승희(E) 내가 이런 거 사지 말라고 했잖아! 평범하게 먹자 쫌!

진우 (무언가 깨닫고) 아~

경호 (슬픈 목소리) 공부. 이왕 할 거면 열심히 해라.

승희(E) (앙칼진) 어우 이건 또 뭐야! 이건 얼마 주고 샀어!
세상에… 진짜. 일로 좀 와 봐!

경호 대충 하지 마! 죽을 듯이 공부해!

승희(E) 어우 빨리 오라니깐! 야! 구경호!!!

진우는 경호에게 끄덕끄덕. 경호는 무언의 눈빛을 보내며 슬프게 퇴장.

경호 어어, 가요, 가요, 갑니다!

18. 학교, 교실 / 낮

삼삼오오 모인 쉬는 시간. 책을 보는 선아에게 슬쩍 다가서는 병주.

병주 선아야.

선아 응?

병주가 주머니에서 꺼낸 건 하얀 머리띠.

병주 이거 요즘 엄청나게 유행하는 SE-

지수 (끼어들며) SES 유진 머리띠?! 어떻게 구했어? 이거 완판 됐잖아! 나 한 번만!

병주 너가 유진보다 더 이뻐가지고 내가 이거 주는 거야.

선아 아... (마지못해 받고) 고마워ㅎㅎ 근데 걔 몇 반인데?

병주 알아보고 다시 올게.

선아는 별 감흥 없는데, 지수는 자기 머리에 해보고 싶어 계속 탐내고,
그때, 진우가 들어와 무심하게 자리에 앉는다.
가방에서 툭, 문제지를 꺼내 선아에게 넘긴다.

선아 ?

진우 (엎드린 채) 다 풀었어.

병주와 선아, 모두 동그란 눈으로 진우 보고.

선아 진짜?

병주 니가?

지수 왜?

선아, 놀라움과 함께 일단 채점해 본다.

지수 (몰래 머리띠 가져가 해보고) 예뻐… 너무 예뻐.

병주 (지수에게) 지수야.

지수 잠깐만.

병주 하나, 둘, 둘 반. (지수가 머리띠 내려놓으면) 옳지.

지수 (머리띠 가지고 도망가며) 고마워!

병주 (지수 쫓아가며) 윤지수 너 이리 안 와!

채점이 끝나고, 생각보다 나쁘지 않은 점수.

선아 여기 4번이랑 6번. 풀이 과정은 맞는데 답이 틀렸어. 아쉽네.
다시 풀어 봐봐.

진우 졸려. 이따가 할게.

선아 10분 줄게.

짜증 가득한 표정으로 몸을 천천히 일으키는 진우. 뒤돌아서,

진우 (미간 찌푸린) 내가 지금 피곤하다고 했지.

선아 그래서?

진우 (씨익) 3분 안에 푼다.

선아, 피식 웃음이 터진다. 진우도 어딘가 기분이 좋아 보이고.

친구들, 선아의 말을 고분고분 듣는 진우가 신기하면서도 질투 난다.

19. 진우의 집, 베란다 / 밤

복서 반바지 차림의 진우. 더위에 지쳐 보인다.

한 손엔 초록 슈퍼 푸드 주스를, 한 손엔 선아의 노트를 들고 베란다에 서서 중얼거린다.

진우	내가 걷는 속도를 X로 두고 선아 속도를 Y로 두면, Y... Y...
	(급발진) 도대체 이딴 걸 왜 해야 되냐고!
아래층(E)	그 딴 거 하지 마! 시끄러 죽겠네, 하지 마!

진우가 아래층 베란다를 내려다보는데, 누군지 보이지 않는다.

담배 연기만 폴랑폴랑 올라올 뿐.

진우	왜요!
아래층(E)	배워봤자 쓸데없어! 수학은 포기해!
진우	쓸데 있거든요! 포기란 없다!

열대야를 식혀주는 신나는 음악이 흐르기 시작한다. BGM.

20. 자전거 몽타주 / 아침-낮

[진우의 아파트, 자전거 거치대 / 아침]

진우, 줄 이어폰을 꽂은 채 먼지 쌓인 자전거 안장을 턴다.

[진우 동네, 토스트 가판 앞 / 아침]

동현이 토스트에 손을 뻗는다.
가판 뒤 레코드 가게에서 BGM 이어받아 음악 흘러나온다.
토스트 건네받으려는데, 진우가 쌩- 자전거로 지나가며

진우 (동현의 뒤통수를 치며) 빠샤!

동현 (토스트 떨어지고) 캑캑. 아씨!

동현이 바닥에 떨어진 토스트를 주우며 주변을 살피는데, 아무도 없고.
자리에서 일어나면 갑자기 튀어나오는 병주.

병주 (동현의 토스트 스틸) 빠샤! 또 당하냐, 새끼야.

뛰어가며 토스트를 크게 베어 무는 병주.

병주 (뱉으며) 이거 뭐야. 뭐 넣은 거야, 돼지 새끼.

한 손에 흙을 쥔 동현이 웃고 있다.

[운동장, 체육 시간 / 낮]

진우, 운동장 바닥에 삼각함수를 그린다.
성빈의 농구공이 튀어와 바닥의 필기를 더럽히지만, 신경 쓰지 않고 집중한다.
성빈, 그런 진우의 모습 낯설고.

[학교, 교실 / 낮]

쉬는 시간. 한창 떠드는 친구들 사이, 창틀에 앉아 수학 문제를 푸는 진우.

[진우 동네, 다리 위 / 아침]

진우, 바람을 가르며 자전거 페달을 밟는다.
손바닥에 쓴 수학 공식을 다시 한 번 외운다.

21. 학교, 교실 / 아침

한 사람씩 호명하며 수학 수행평가 점수를 공개하는 담임선생님.

담임 (시험지 주며) 윤지수!

지수가 앞으로 나간다.

담임 (나눠주며 노려보고) 58점이다. 구진우!

진우가 천천히 자리에서 일어난다.

담임 (시험지 앞뒤 확인하고) 86점?

'와~' 하는 소리 들리고, 멋지게 앞으로 나가는 진우.

담임 거 봐라 임마. 하면 된다카이! 꿈은 이루어진다!

진우 쌤. 저 원래 천재까라에요.

담임 그래. 그 모습 오래오래 보고 싶다. 좀 만 더 하면 A반도 가겠어?

진우 (자리에 돌아와 앉으며) 아이, 세 개나 틀렸네.

담임 클래식이 집중에 도움 되는 거 알지?

학생들 네.

담임 대답 크게!

학생들 네!

담임 간다. 피가로 피가로 피가로~ 피가로!

진우에게 웃으며 말을 거는,

선아 천재시라고요?

진우 뭐, 이 정도쯤이야.

선아 천재면서 그동안 왜 안 한 거야?

진우 (뒤돌아) 삼각함수, 루트, 그딴 거 몰라도 잘만 살아.

너 시장 가서 두부 살 때 '두부 3루트 4만 주세요' 할 거야?

절대. 한 모 주세요~ 하지.

선아 3루트 4면 (손가락 6개 펼치며) 여섯 모야.

진우 와… (어이없을 지경) 넌 왜 그렇게 죽을 듯이 공부하냐?

선아 (잠시 생각) 필요 없어 보이더라도 일단 하고 보는 거지. 그럼 항상 뭐 하나 얻어지는 게 있으니까.

진우 꼰대 같네.

선아 넌 유치해.

진우 유치해 봤어? 유치하기가 얼마나 힘든지 아냐?

선아 그래. 넌 계속 그렇게 유치해라.

진우 (따라하며) 그래. 넌 계속 그렇게 유치해라.

선아, 피식 웃으며 교과서를 꺼낸다.

22. 학교, 운동장 / 낮

종이 울린다.
창밖으로, 체육이 끝난 반 아이들이 인사하고 교실로 들어오는 모습 보인다.

담임(E) 눈 똑바로 감아!

23. 학교, 교실 / 낮

체육복을 갈아입다 만 아이들이 책상 위에 무릎을 꿇고 올라가 있고,
담임이 학생들 사이사이를 걷고 있다.
담임이 지나간 자리엔 서랍에서 떨어진 책과 물건들이 흩어져 있다.

NA 진우 그 시절엔 왜 그리도 뭐가 잘 없어지던지. 그때마다 왜 반 전체가 눈을 감고 반성했는지. 범인이 손 들고 자백할 것도 아닌데 말이다.

담임, 지수의 서랍에서 책 사이에 숨겨진 의심스러운 흰 봉투를 발견한다.

담임 (봉투 꺼내며) 뭐야.

꽤 두툼한 흰 봉투 안에서 빽빽한 팬레터와 드림콘서트 티켓이 떨어져 나온다.

담임 드림 콘서트? (열받고) 이거 이거. 하라는 공부는 안 하고. 이 자슥들이….

담임, 뒷자리로 걸어가다 동현의 가방에 발이 걸려 넘어질 뻔. 화가 화르륵. 그러다 가방에 들어 있는 비닐봉지를 의심스럽게 꺼내보는데.

담임 (봉지에서 간식들 우루루 떨어지고) 어이 뚱. 내가 몇 번 얘기하노. 가방에 책 한 권 없고, 니 먹을 거만 챙기는기가?

놀리는 말투. 심지어 동현의 뱃살을 쿡쿡 찌르기 시작한다.

담임 니 부모님이 학교 가면 공부하는 줄 알지, 니 밥만 축내는 거 아시나 모르시나. 엉? 아시나 모르시나. 니 뭐 될래. 어이 뚱!

동현, 아픈 건 둘째치고 자존심이 상해 얼굴이 붉으락푸르락.

아이들 중 몇몇이 실눈으로 이 광경을 보다 인상을 찌푸리는데.
동현, 눈물을 감추려는 건지 고개를 푹 숙인다.

진우 저기요 쌤.
담임 누가 말하노!
진우 학급비 얼만데요? 얼마면 되는데요. 제가 낼게요.
담임 (이놈 봐라) 구진우. 니 지금 쌤한테 개기나?

고실 전체에 싸한 정적.
아이들 어느새 모두 눈을 뜨고 진우를 쳐다본다. 그 사이, 놀란 선아.

진우 아니요. 그건 아닌데요.
학급비 때문에 동현이한테 그러시는 건 좀….
담임 좀, 뭐!
진우 좀 아닌 거 같은데요.
담임 와… 이게 어디 쌤한테 지금!
진우 학급비랑 동현이 뱃살이랑은 상관없잖아요.
담임 고권 봐라! 학교 잘~ 돌아간다! 그쟈?
구진우. 너 오늘 제대로 개기는구나. 나가 엎드려뻗쳐.

진우. 한숨 쉬고, 각오한 듯 앞으로 나가려는데,
먼저 가방을 들고 성큼성큼 교탁으로 가는 선아.
아이들과 선생님 모두 놀라 쳐다본다.

선아 선생님. 제 눈에도 동현이한테 하신 행동은 부당해 보입니다. 동현이가 학급비를 훔친 것도 아니지 않나요?

담임 …. (당황)

선아 누군가 훔쳐 간 건지, 없어진 건지 제대로 찾아보는 것부터가 시작이라고 생각합니다. 개겨서 죄송합니다.

선아가 교탁 위에 자기 가방을 올려놓고 엎드려 뻗는다.
진우가 그 옆에 바로 엎드려 뻗고, 성빈이 가방을 들고 따라 일어선다.
이후 동현, 태완, 병주도 용기 내어 함께한다.
학생들 모두 놀라 입이 떡, 선생님은 화나면서도 쪽팔려 얼굴이 터질 듯.

24. 학교, 복도 / 낮

기마 자세로 벌서는 진우 패거리와 선아.
선아가 애써 눈물을 참으며, 이를 악물고 벌선다.

NA 진우 그날 없어진 학급비를 찾았는지는 기억나지 않는다. 다만 기억나는 건.

선아 (훌쩍) 쳐다보지 마. 쪽팔리니까.

동현 뭐가 쪽팔려. 완전 멋있었는데.

태완 (용기 내서 입 여는데) 선아야 그래도 우리랑 같이 벌서니까-

성빈 (싹둑) 솔직히 재밌지?

선아 (훌쩍) 창피해.

선아, 그러다가도 자기 모습이 웃긴지 울다 웃음이 터진다.
울며 웃는 선아. 그런 선아를 쳐다보는 친구들. 벌을 서는데도 어딘가 신나 보인다.

NA　　진우　　　　　우리가 벌을 서던 복도는 정말 더웠고…
　　　　　　　　　　그날의 선아는 진짜 예뻤다는 거다.

25. 강변 소풍 / 낮

청명한 하늘에 새파란 북한강, 소풍지 곳곳의 전경이 펼쳐진다.

NA　　진우　　　　　그리고 더위가 사그라질 즈음, 고3이 되기 전 마지막 소풍을 갔다.

학생들 푸른 배경 앞에서 셀카 찍기 바쁘고, 동물 구경에도 정신이 없다.
다 함께 졸업앨범을 찍으며 추억을 남기는 아이들.

26. 소풍지 풀밭 / 낮

김밥 도시락을 다 까먹은 흔적.
진우와 아이들이 나무 그늘에 퍼질러져 있고, 성빈은 책을 읽는다.

　　　진우　　　　　왜케 할 게 없냐. (자고 있는 병주 치며) 말뚝이나 박을래?

아이들, 비장하게 자리에서 일어나는데.

like that in

cut to /

진우가 마부로 나무에 서고 그 앞에 학생1, 태완, 성빈이 차례로 머리를 낀다. 멀리서 손목을 풀고 있는 병주와 웨이브로 몸을 푸는 동현. 비릿한 미소의 병주가 달려와 '빠샤!' 하며 쾅! 엉치로 찍으면, 찌푸려지는 성빈의 얼굴.

진우, 병주 가위바위보!

진우가 가위바위보를 져버린다. 말들이 무너진다.
다음 판, 동현이 먼저 달리기 시작하면 떨리는 살 슬로우로 보이고, 거대한 타격에 버티지 못하는 아이들. 태완이 사타구니를 잡고 괴로워한다.

동현 아싸 우리 또 공격! (병주와 하이파이브)

쿵! 쿵! 계속되는 병주 팀 공격에 점점 표정이 어두워지는 진우 팀.
성빈이 걸치고 있던 남방을 벗어 던진다.

성빈 (진우에게) 야! 가위바위보 좀 똑바로 해. 아님 나랑 바꾸던가.
병주 어어~ 공수 교대 할 때까진 못 바꾸는 거야.

성빈, 분한 표정으로 다시 머리 끼우는데, 태완의 다리 사이에 무언가가 찌른다.

성빈 (머리 빼고) 아씨. 변태완 자랑하냐? 야! 똑바로 해라, 진짜.
태완 (머리 박은 채로 작게) 이게… 똑바로야.

USA

동현, 킹콩처럼 뱃살을 두드리며 에너지를 끌어모은다.

쿵! 쿵! 아까와는 발소리부터 다르다. 천둥 치는 소리와 함께 동현이 공중을 날았다가 성빈을 뜀틀처럼 짚고 태완 위로 쾅!

태완 윽! (쓰러지고)

성빈 (함께 쓰러지며) 야, 너는 한 명을 못 버티냐. 장난하는 것도 아니고 진짜.

태완이 사타구니를 가리고 일어나질 못한다. 얼굴이 빨갛다.

큰소리에 주변에 앉아 놀던 선아와 여학생들의 시선이 집중된다.

진우 장난이지 그럼. 게임이잖아. 뭘 그렇게 진지해.

성빈 (진우 어깨 밀며) 넌 매사가 장난이지, 어? 유치한 새끼야. 근데 너 그딴 식으로 살아서 뭐 될래?

진우 내가 어떻게 사는데? 들어나 보자.

험악해지는 분위기에 모든 아이의 시선이 몰린다.

선아의 시선도 성빈에게 향한다.

성빈 (선아가 쳐다보는 거 눈치채고) …됐다.

성빈이 선아의 시선 의식하고 자리를 뜨려는데,

진우 야 안성빈. (남방 주워 던지며) 가져가!

고개 돌린 성빈의 얼굴에 남방이 퍽! 맞아버리고,

성빈 (터져버린) 시발!

성빈이 달려와 진우를 친다. 진우도 화나 받아치며 개싸움 벌어진다.
그 사이로 여전히 일어나지 못한 태완이 눈을 꼭 감는데-

cut to /

태완의 눈 감은 얼굴로 연결. 기마자세에 손을 뻗은 채 벌을 서는 태완이다.
그 앞으로 담임 옆에서 귀를 잡고 오리걸음을 하는 진우와 성빈이 보인다.

담임 오리.

진우, 성빈 꽥꽥.

담임 목소리 크게 해라. 오리!

진우, 성빈 꽥꽥.

담임 이것들이 진짜 여기까지 와가지고! 어!
왜 뛰가노? 띠가노 띠가노 띠가노~!!

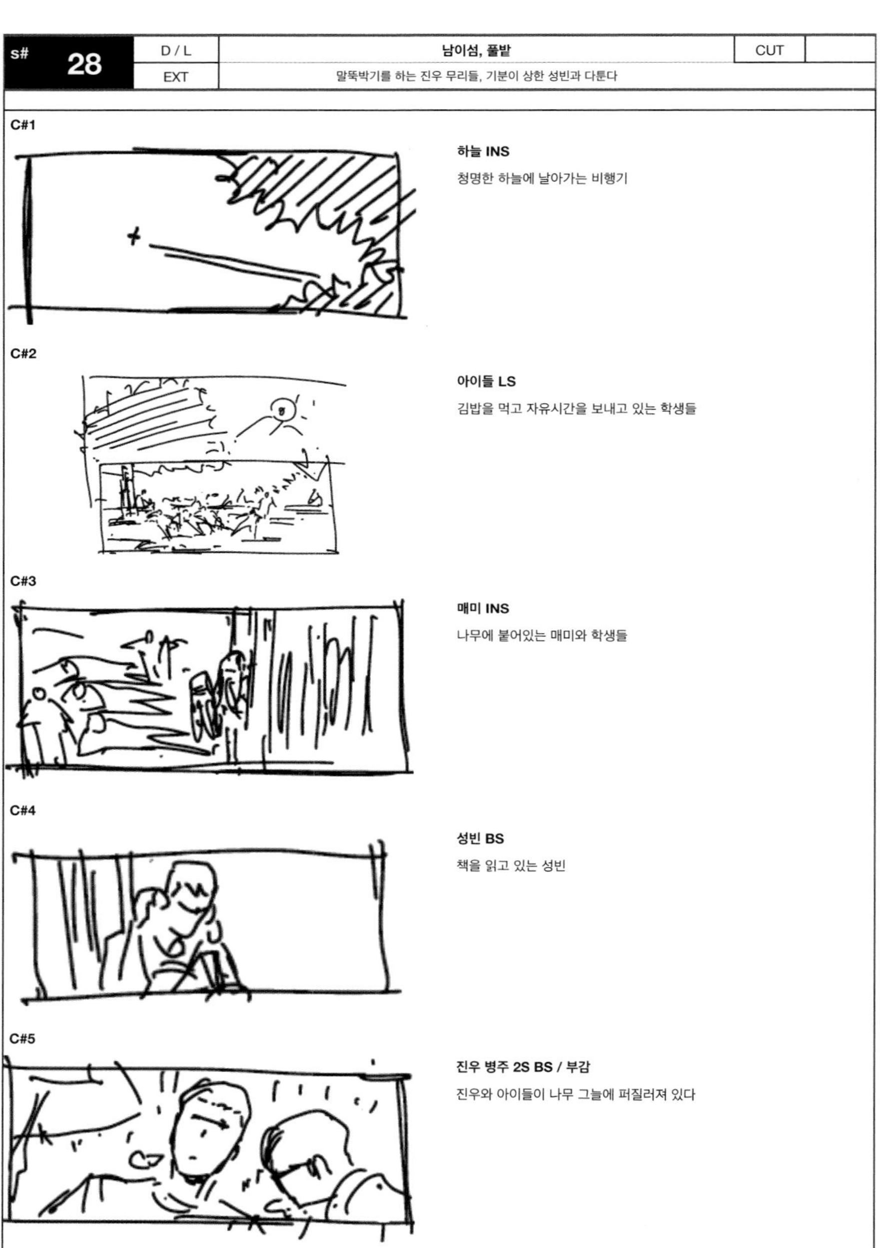

S# 28	D / L	남이섬, 풀밭	CUT	
	EXT	말뚝박기를 하는 진우 무리들, 기분이 상한 성빈과 다툰다		

C#1

하늘 INS

청명한 하늘에 날아가는 비행기

C#2

아이들 LS

김밥을 먹고 자유시간을 보내고 있는 학생들

C#3

매미 INS

나무에 붙어있는 매미와 학생들

C#4

성빈 BS

책을 읽고 있는 성빈

C#5

진우 병주 2S BS / 부감

진우와 아이들이 나무 그늘에 퍼질러져 있다

s# 28	D / L	남이섬, 풀밭	CUT	66
	EXT	말뚝박기를 하는 진우 무리들, 기분이 상한 성빈과 다툰다	2002.08.30(금)12:30pm	

C#6

병주 OS 진우

왤케 할 게 없냐. (자고 있는 병주 치며) 말뚝이나 박을까?

C#7

병주 BS

일어난 병주가 안경을 고쳐쓴다

C#8

학생들 WS

진우 말에 일어나는 학생들

C#9-1 **말뚝학생들 FS**

C#9-2

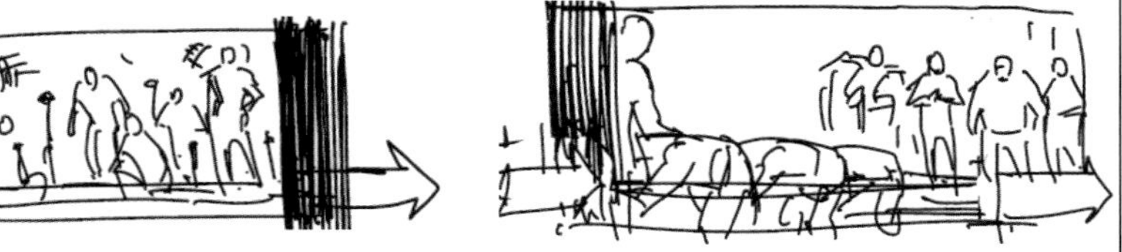

8명의 아이들이 모여 팀을 나눈다.

진우가 마부로 나무에 서고 그 앞에 학생1, 태완, 성빈이 차례로 머리를 낀다.

아이들 엎어치기 먹을까. 찌글려도 말 못 해.

Track - pan

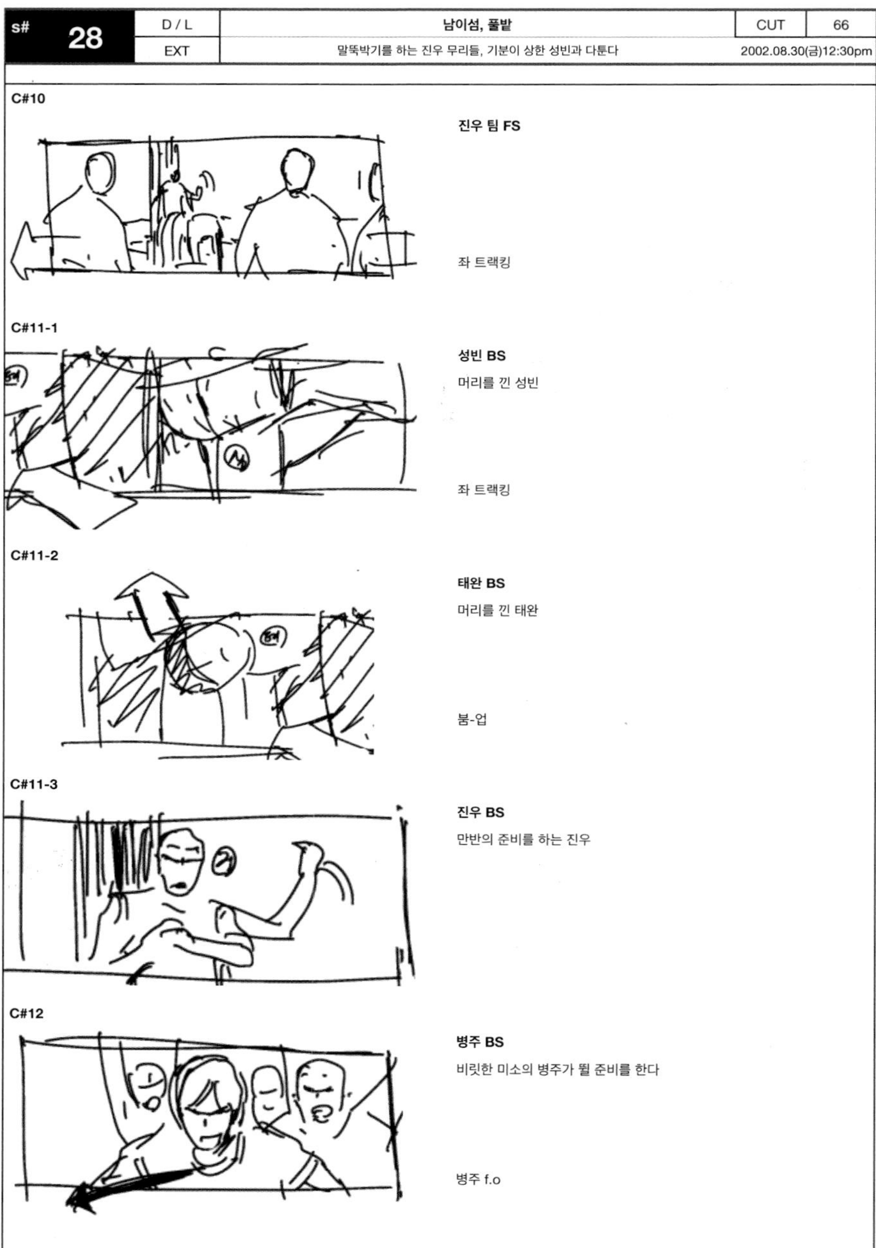

S# 28	D / L	남이섬, 풀밭	CUT	66
	EXT	말뚝박기를 하는 진우 무리들, 기분이 상한 성빈과 다툰다	2002.08.30(금)12:30pm	

C#10

진우 팀 FS

좌 트랙킹

C#11-1

성빈 BS

머리를 낀 성빈

좌 트랙킹

C#11-2

태완 BS

머리를 낀 태완

붐-업

C#11-3

진우 BS

만반의 준비를 하는 진우

C#12

병주 BS

비릿한 미소의 병주가 뛸 준비를 한다

병주 f.o

s# 28	D / L	남이섬, 풀밭	CUT	66
	EXT	말뚝박기를 하는 진우 무리들, 기분이 상한 성빈과 다툰다	2002.08.30(금)12:30pm	

C#13

병주 FS

달려나가는 병주

C#14

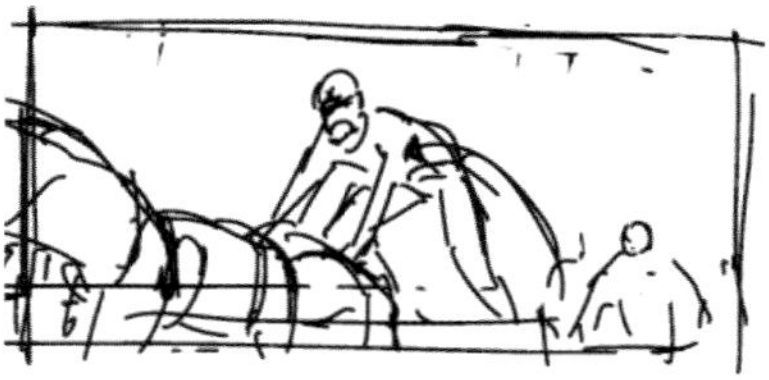

병주 KS

빠샤!' 하며 쾅! 엉치로 찍는 병주

C#15

성빈 TBS

찌푸려지는 성빈의 얼굴.

C#16

동현 KS

뛰어오는 동현

동현 f.o

C#17

성빈 CU

더욱 찌푸려지는 인상

s# 28	D / L	남이섬, 풀밭	CUT	66
	EXT	말뚝박기를 하는 진우 무리들, 기분이 상한 성빈과 다툰다	2002.08.30(금)12:30pm	

C#18

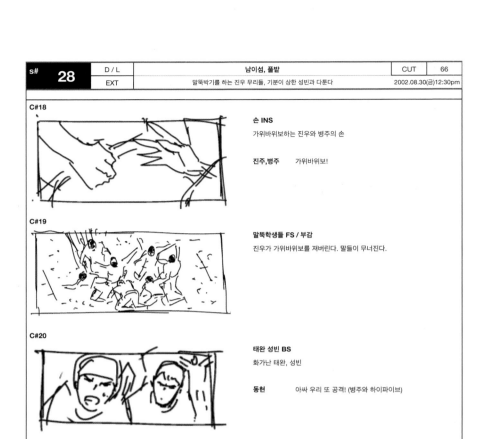

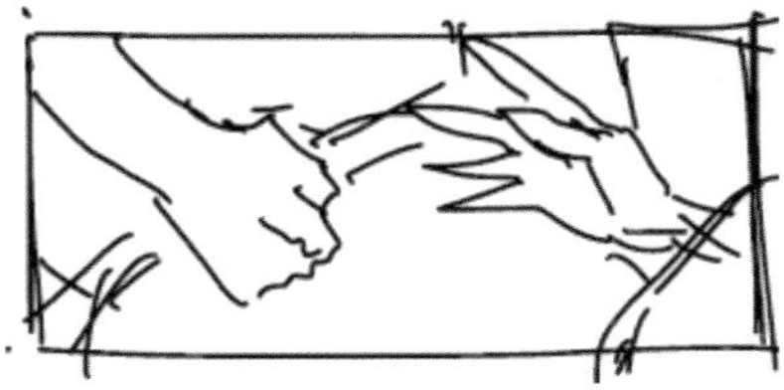

손 INS

가위바위보하는 진우와 병주의 손

진주,병주 가위바위보!

C#19

말뚝학생들 FS / 부감

진우가 가위바위보를 져버린다. 말들이 무너진다.

C#20

태완 성빈 BS

화가난 태완, 성빈

동현 아싸 우리 또 공격! (병주와 하이파이브)

C#21

진우 BS

머쓱해하는 진우

C#22

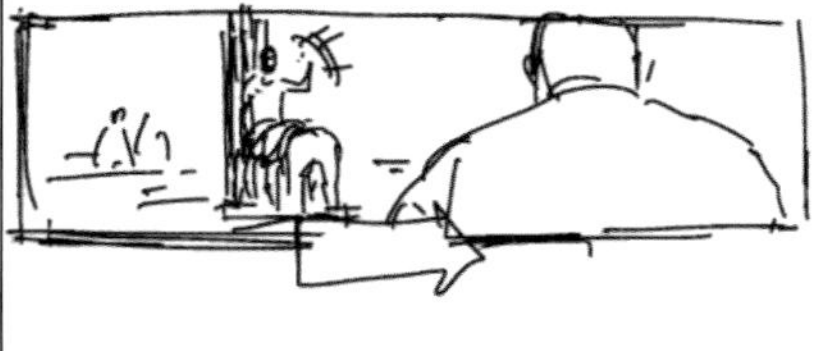

동현 OS 진우팀 FS

뛸 준비를 하는 동현

우 트랙킹

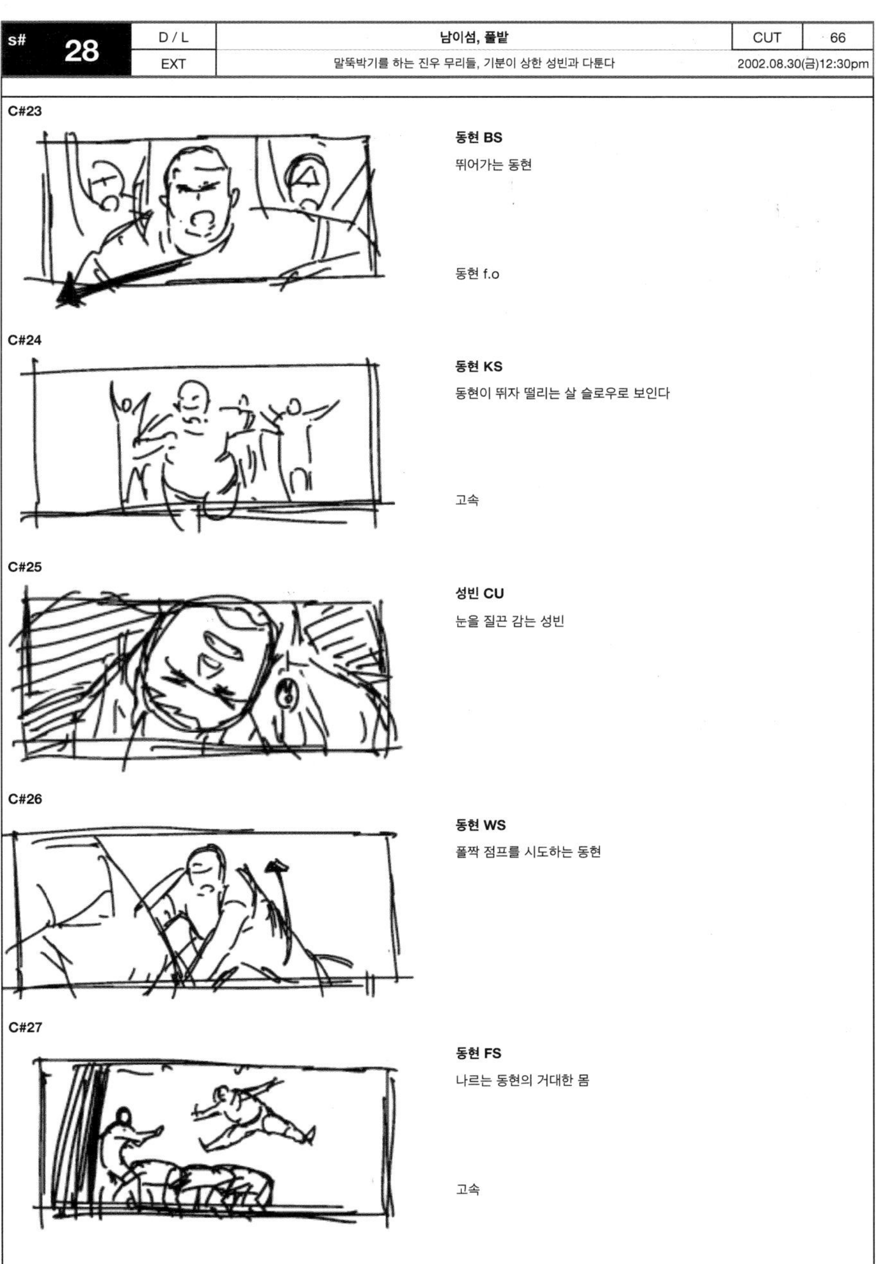

s# 28	D / L	남이섬, 풀밭	CUT	66
	EXT	말뚝박기를 하는 진우 무리들, 기분이 상한 성빈과 다툰다	2002.08.30(금)12:30pm	

C#23

동현 BS

뛰어가는 동현

동현 f.o

C#24

동현 KS

동현이 뛰자 떨리는 살 슬로우로 보인다

고속

C#25

성빈 CU

눈을 질끈 감는 성빈

C#26

동현 WS

폴짝 점프를 시도하는 동현

C#27

동현 FS

나르는 동현의 거대한 몸

고속

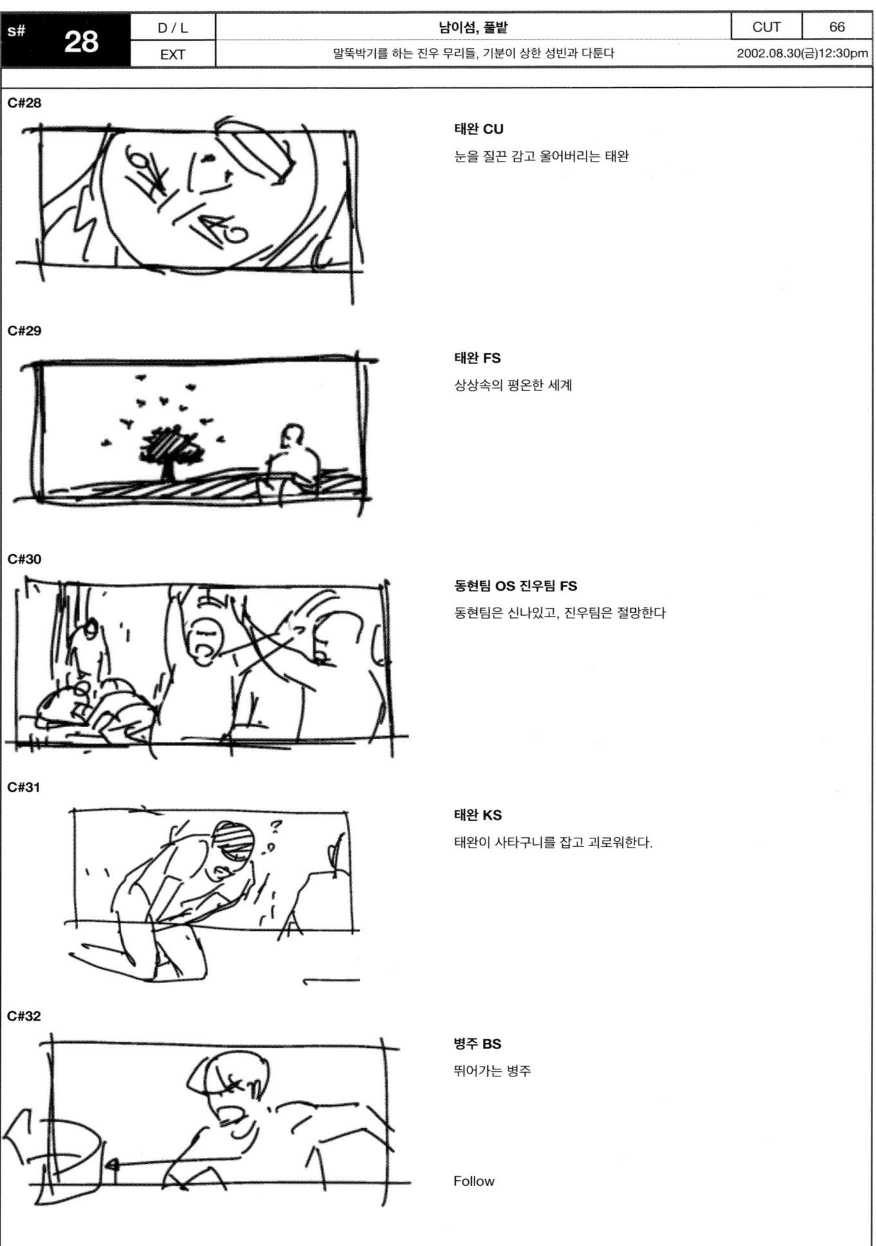

s# 28	D / L	남이섬, 풀밭	CUT	66
	EXT	말뚝박기를 하는 진우 무리들, 기분이 상한 성빈과 다툰다	2002.08.30(금)12:30pm	

C#28

태완 CU

눈을 질끈 감고 울어버리는 태완

C#29

태완 FS

상상속의 평온한 세계

C#30

동현팀 OS 진우팀 FS

동현팀은 신나있고, 진우팀은 절망한다

C#31

태완 KS

태완이 사타구니를 잡고 괴로워한다.

C#32

병주 BS

뛰어가는 병주

Follow

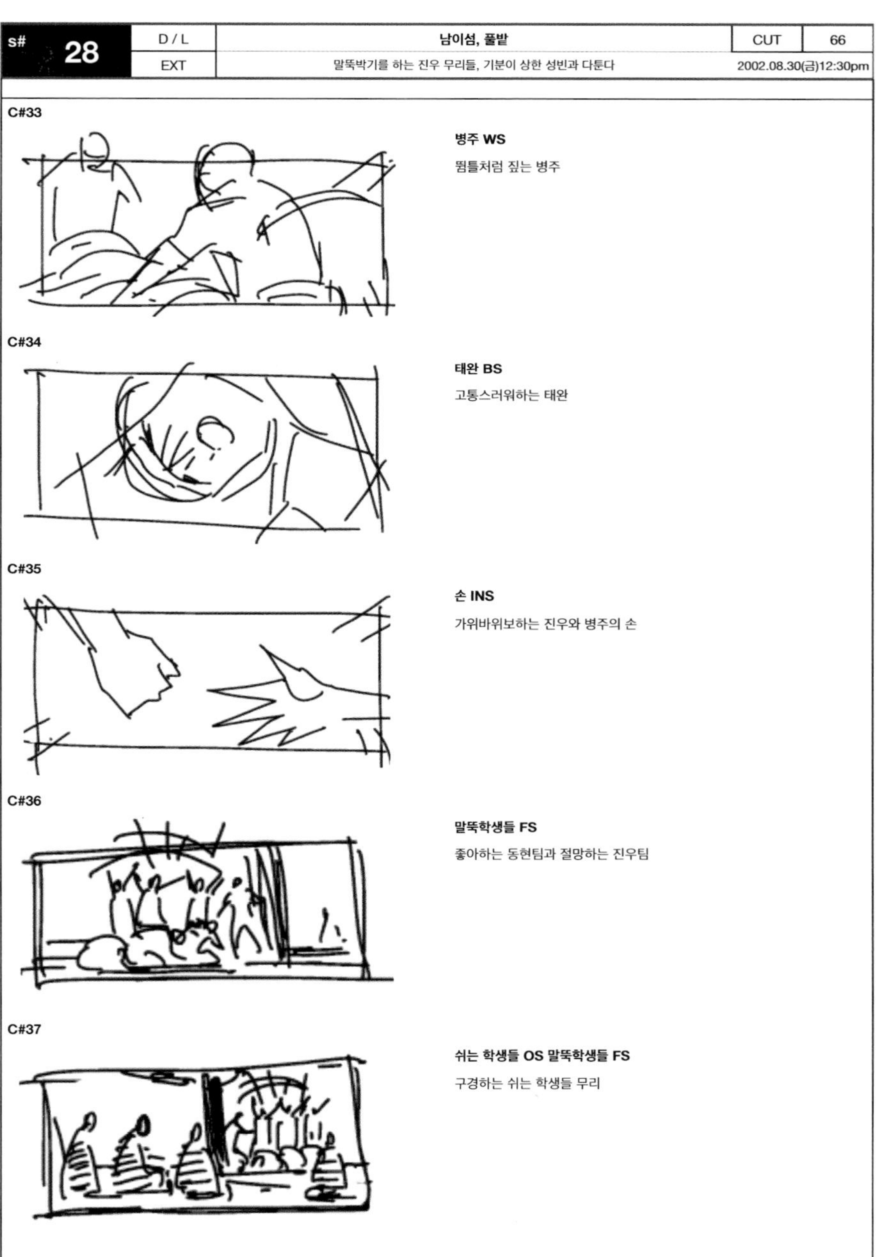

S# 28	D / L	남이섬, 풀밭	CUT	66
	EXT	말뚝박기를 하는 진우 무리들, 기분이 상한 성빈과 다툰다	2002.08.30(금)12:30pm	

C#33

병주 WS

뜀틀처럼 짚는 병주

C#34

태완 BS

고통스러워하는 태완

C#35

손 INS

가위바위보하는 진우와 병주의 손

C#36

말뚝학생들 FS

좋아하는 동현팀과 절망하는 진우팀

C#37

쉬는 학생들 OS 말뚝학생들 FS

구경하는 쉬는 학생들 무리

27. 학교, 급식실 / 낮

급식을 먹는 진우와 성빈의 얼굴에 생채기가 나 있다.

선아, 어쩐 일인지 진우네 테이블로 와 앉는다.

선아 (식판 놓으며) 그… 동현아 이따 수업 끝나고 잠깐 시간 돼?

동현 (얼굴 발그레) 어어? 왜?

선아 뭐… 좀 물어볼 게 있어서.

동현 (들떠서) 돼지. 돼지. 완전 돼지.

진우 (괜히) 자기소개하냐.

동현 이씨.

성빈 뭔데? 공부면 나한테 물어보지?

선아 아, 아냐. (하면서 지수와 눈빛 주고받는다)

지수 (끄덕, 괜히 화제 돌리며) 야 둘이 화해는 했냐?

진우 뭐, 농구 한 겜 져줬다.

성빈 (피식)

병주 (폴더폰 문자 보다가 비명) 너네 소양여고 얘기 들었어?

동현 아! 귀신 나온다며!

지수 야, 하지 마. 나 진짜 무서운 거 못 듣는다.

진우 (갑자기 놀란 표정으로) 야… 너 뒤에, 뒤에!

지수 뭐야 야 뭐 없잖아. (병주가 내민 거울 보고) 아아아악!

병주 걔네 비 엄청 많이 온 날 있잖아. 소양강 댐 난리 난 날….

28. 책상 귀신 이야기 / 밤

비 내리는 소양여고 교정.

우르릉 번쩍, 번갯불이 어둠을 가르는데, 복도 끝 단 하나의 교실에만 불이 켜 있다.

병주 그날 야자 끝나고, 전교 1등이랑 전교 2등이랑 학교에 더 남아가지고 공부하고 있었대.

교실엔 3명의 친구가 남아 공부 중이다.

단발머리 여학생이 스트레칭을 하는데, 드르륵! 갑자기 뒷문이 닫힌다.

뒤돌아보면 어느새 없어진 친구 한 명.

'집에 갔나?' 생각하며 다시 문제집을 넘기는데, 채점용 빨간펜이 툭 떨어진다.

병주 근데 전교 1등 꺼 빨간 펜이 바닥에 툭…
그 빨간 펜을 줍지 말았어야 돼….

바닥에 떨어진 펜을 주우려는데, 책상 밑으로 아무 다리도 보이지 않는다.

놀라 고개를 들어 위를 보면 앉아 있는 긴 머리 여학생의 뒷모습 보이고.

콰광! 천둥소리와 함께 갑자기 정전.

'어?' 하며 펜을 주워 일어나려는데, 긴 머리 여학생이 자신의 분단 맨 앞줄에 옮겨 앉아 있다. 번개가 번쩍! 치며 긴 머리 여학생이 바닥으로 툭- 사라진다.

단발머리 어?

책상다리 사이로 보이는 반토막 난 귀신 형상.
턱을 괸 채, 고개를 숙이고 있던 여학생이 고개를 들더니 '우다다다' 팔꿈치로 다가오는데-

단발머리 (비명)

back to / 급식실 / 낮

'우다다다' 병주가 귀신을 흉내 내며 아이들을 놀라게 한다.

선아, 지수(E) 꺄악!!!!!

성빈 (얼떨결에 진우 손 잡았다가) 뭐야! 이씨 깜짝이야. 짜식아.

동현 (김밥 씹으며) 그래서? 그래서?

병주 그래서 전국에 있는 학교 돌아다니면서 야자 끝나기만을 기다린대.

지수 딴 데 가자!

지수가 식판을 들고 벌떡 일어나 나간다.

선아 (걱정) 지수야! 같이 가.

병주 (놀림) 그리고 다음은 우리 학교래!!!

29. 학교, 교실 / 해 질 녘

청소 시간. 학생들이 책상을 뒤로 밀고 각자 맡은 구역을 청소한다.

cut to / 학교, 복도 / 해 질 녘

노랗게 익은 햇살이 커다란 창을 비추고, 선아의 작은 손이 열심히 창을 닦는다.
창 위쪽에 눈에 띄는 자국. 팔이 닿지 않자 까치발로 총총 뛰어보는데,
스윽- 그림자와 함께 등장한 진우가 백허그를 하듯 선아 뒤에 붙는다.
아무렇지 않은 표정으로 쓱쓱- 창 위쪽을 닦으며,

진우 쌤이 이건 내가 제일 잘한대. 보고 배워라.

진우가 옆 창문으로 가 아무렇지 않은 표정으로 걸레질한다.

cut to / 학교, 교실 / 해 질 녘

학생들이 지친 기색으로 가방을 챙겨 하교한다.
성빈, 괜히 선아를 보며 뭉그적대는데 핸드폰 울리고.
'네 엄마' 하며 교실 밖으로 나간다.
진우도 자리에서 짐을 챙기는데, 선아의 파란 펜이 푹- 어깨를 찌른다.

진우 왜.

선아 곧 기말고사잖아.

진우 (뒤돌아) 그래?

선아 그… 2주밖에 안 남았는데.

진우 많이 남았네. 나 천재인 거 봤잖아.

선아 너도 학원 안 다니지?

진우 천재에게 그딴 건 필요 없지.

선아 그럼… 오늘부터 나랑 더 남아서 공부할래?

진우 갑자기? 너랑 같이? (장난) 야~ 너 나 좋아하냐?

선아 뭐래. 난 나보다 멍청한 남자는 싫거든?

진우 나 같은 천재한테 멍청?
전교 1등 뺏기면 울고불고할까 봐 그동안 봐줬더니!

선아 그런 배려 필요 없거든?

진우 와 씨. 그래. 해! 대신 내기해.

진우, 다시 가방을 놓으며 자리에 앉는다.

선아 내기? 성적으로?

진우 어. 이제 안 봐준다. 뭐 걸래?

선아 내가 이기면… (앞에 앉은 진우 뒤통수 보고) 너 머리 밀어.

진우 (좀 당황) 머리를?

선아 왜, 자신 없어?

진우 아니? 완전 자신 있는데! (당황) 대신 어… 국영수 점수로만 해.

선아 그래.

진우 대신 내가 이기면 (자기 머리를 내려 보이며) 넌 귀신 해라.

NA 진우 사실 알고 있었다. 방과 후 혼자 남아 공부하기 무서워서 그렇다는 거.

30. 시험공부 몽타주

[진우의 집, 베란다 / 밤]

조던 저지에 복서 바지 차림으로, 베란다에 서서 영어 공부를 하는 진우.

진우	You are the apple of my eye! 아니 사과가 뭐가 중요하다는 거야. You are the apple of my eye! 너는 나에게 소중한 사람이다! 애플, 앱플, 앱플 오브 마이 아이!!!
아래층남자(E)	퍽큐!
진우	애플!
아래층남자(E)	하지 마! 영어도 하지 마! 쓸모 있는 술만 배워. 술! 기술! 기술! 새끼야!

진우, 몸을 빼 아래층 남자를 확인해 보는데,

진우	기술쌤?

린넨 잠옷 차림의 기술선생님이 베란다에 앉아 나무를 조각해 지팡이를 만들고 있다.
옆으로 보이는 수많은 술병. 역시나 홍조 띤 얼굴.

기술쌤	반갑다. 사랑만 해 새끼야... 사랑.

[학교, 옥상 / 낮]

진우, "How much did you have money, I have a little money…."
중얼거리며 책에 집중해 계단을 오르다 옥상까지 올라가 버리는데.
옥상 문 뒤에서 들리는 음악 소리. 열어보면-
한참 몸치인 동현에게 춤을 배우고 있는 지수. 빈 책상에 앉아 공부 중인 선아다.

[학교, 교실 / 밤]

친구들이 하나둘 떠나는 교실. 진우와 선아만 앞뒤로 앉아 공부한다.
진우가 꾸벅- 졸기 시작하자 파란 펜으로 쿡- 등을 찔러 깨워주는 선아.
잠을 깨우며 다시 공부하는 진우의 모습이 대견하고,

선아 세수하고 와. 10분 줄게.

진우 (기지개를 켜며) 아우우.

자리에서 일어나 선아 보고,

진우 (씨익) 3분이면 된다.

선아, 그 대답에 괜히 웃음 피식 나고.

[학교, 급식실 / 낮]

나란히 앉아 밥을 먹는 아이들.
사이, 점심 먹는 중에도 책을 손에서 놓지 않던 진우.

중얼중얼 사자성어를 외우더니 책을 씹어 먹는다.

[진우의 집, 방 / 밤]

책상에 앉아 졸음과 싸우는 진우. 도저히 안 되겠는지 벌떡 일어나, "아빠!"

cut to /

진우의 옆에서 중식도로 양파를 썰고 있는 아빠. 다다다닥-
진우의 눈에 눈물이 줄줄 흘러 잠이 오지 않는다.
엄마가 그런 두 사람의 모습을 보고, 초록색 슈퍼 푸드를 가지고 들어오려다 만다.

[학교, 교실 / 낮]

시험이 끝나는 종이 울린다.
맨 뒷줄에 있는 학생이 일어나 OMR 답안지를 걷기 시작한다.
진우, 걷어지는 자신의 OMR 답안지를 붙잡고 급하게 표기를 마무리한다.
진우의 얼빠진 얼굴에서... 천둥소리 울린다.

31. 학교, 교실 / 밤

창밖으로 비가 쏟아진다. 세 명의 아이들이 공부 중이다.
한창 공부에 집중하던 선아가 기지개를 켜는데, 드르륵! 뒷문이 닫힌다.
어느새 아무도 없는 교실. 그때 콰광! 천둥소리와 함께 정전.
무서워진 선아가 급히 가방을 챙기다 실수로 빨간펜을 쳐버린다.

선아 아….

펜을 주우려 바닥에 앉았다 귀신 이야기 떠올라 얼어버리고-
번쩍! 번개와 함께 바닥에 보이는 검은 형상의 실루엣.

선아 꺄악!!!

진우 (펜 주우며) 뭐야.

선아, 감은 눈을 뜬다.
빡빡머리가 된 진우의 모습에 웃음이 터진다.

선아 하하하. (웃음 참으려 노력) 야, 놀랐잖아.

진우 왜. (머리 만지며) 너무 잘 어울려서?

빡빡머리 진우, 선아에게 펜 건네며

진우 약속은 지켰다.

32. 진우 동네, 다리 위 / 밤

귀뚜라미 소리 청명하다. 털털털. 진우가 끄는 자전거 체인 돌아가는 소리.
군데군데 웅덩이가 생긴 다리에 물을 피해 걷는 선아.
그러다 진우의 자전거 손잡이에 가방이 걸려 책이 쏟아진다.

선아 아!

진우 뭐하냐.

진우, 자전거를 세워두고 함께 책을 줍는다.
그러던 중 보이는 편지봉투들. 여러 학우들의 러브레터, 러브장이다.
선아, 편지들을 낚아채 가방에 넣는다.

진우 (놀리듯) 야~ 인기 많아서 좋겠다? 그중에 하나 골라서 사귀지 왜.

선아 공부해야지.

진우, 그런 선아가 이해되지 않고.

진우 그렇게 공부하면 뭐가 돼?

선아 좋은 대학에 가지.

진우 니 꿈은 좋은 대학이야?

선아 꿈?

진우 응. 어떤 사람이 되고 싶냐고.

선아, 할 말을 잃는다.

소나기가 다시 쏟아진다.

진우, 주웠던 교과서를 선아에게 토스한다.

선아는 책으로 머리를 가리고, 진우는 자전거를 끌고, 비를 피해 달린다.

33. 버스정류장 / 밤

투명한 버스 정류장으로 뛰어 들어가는 두 사람.

진우 (헉헉) 똑 부러지는 애가 우산 좀 챙기지.

두 사람 사이. 어색한 긴장감이 감돈다.

선아, 가방에 젖은 책을 털어 챙겨 넣고 생수통을 꺼낸다.

그때, 오토바이가 둘 앞을 급히 지나치며 물을 튀기면, 두 사람 더 가까워진다.

자전거까지 들어온 버스정류장은 그리 넓지 않아,

진우와 선아의 팔이 서로 닿을 듯 말 듯.

그때, 콰광! 천둥이 치고, 소리에 놀란 선아가 물통을 콱 눌러 물총처럼 쏴진다.

진우 아.

선아 (당황) 미안.

진우 (가방에서 생수 꺼내) 나도 있거든?

진우가 씨익- 미소 짓는다.

선아　　　　하지 마, 하지 마!

진우　　　　(물 쏘며) 싫은데!

선아, 가자미눈을 뜨고 진우에게 한 번 더 물을 뿌린다.
진우, 제대로 물을 맞지만, 오히려 정류장 밖으로 나가 비를 흠뻑 맞아버린다.

진우　　　　암만 뿌려봐라. 난 상관없지.

진우, 선아를 놀리듯 또 한 번 물을 뿌린다.
선아, 빗속에서 웃고 있는 진우를 보더니 오기가 생긴 듯 밖으로 뛰어나온다.
정류장 밖에서 물총 싸움을 하는 두 사람.
진우가 처음 보는 선아의 신나는 얼굴.
소나기 속으로, 묘한 해방감이 쏟아진다.

cut to /

비에 젖은 선아가 손을 내밀어 떨어지는 빗방울을 받는다.
그런 선아를 보는 진우의 얼굴….
진우의 시선이 문득 선아의 붉은 입술로 향한다.
그때, 가로등이 탁 켜지며 불빛이 비친 선아의 눈동자가 반짝거린다.
진우를 보며 환하게 웃는 선아.
그 모습을 보는 진우의 모습도 덩달아 반짝인다.

NA　진우　　　　어두웠던 정류장이 환해졌다.
　　　　　　　　그 시절의 우리는 빛나고 있었다.

동춘천고등학교 ◀ 공지천 ▶ 춘천역

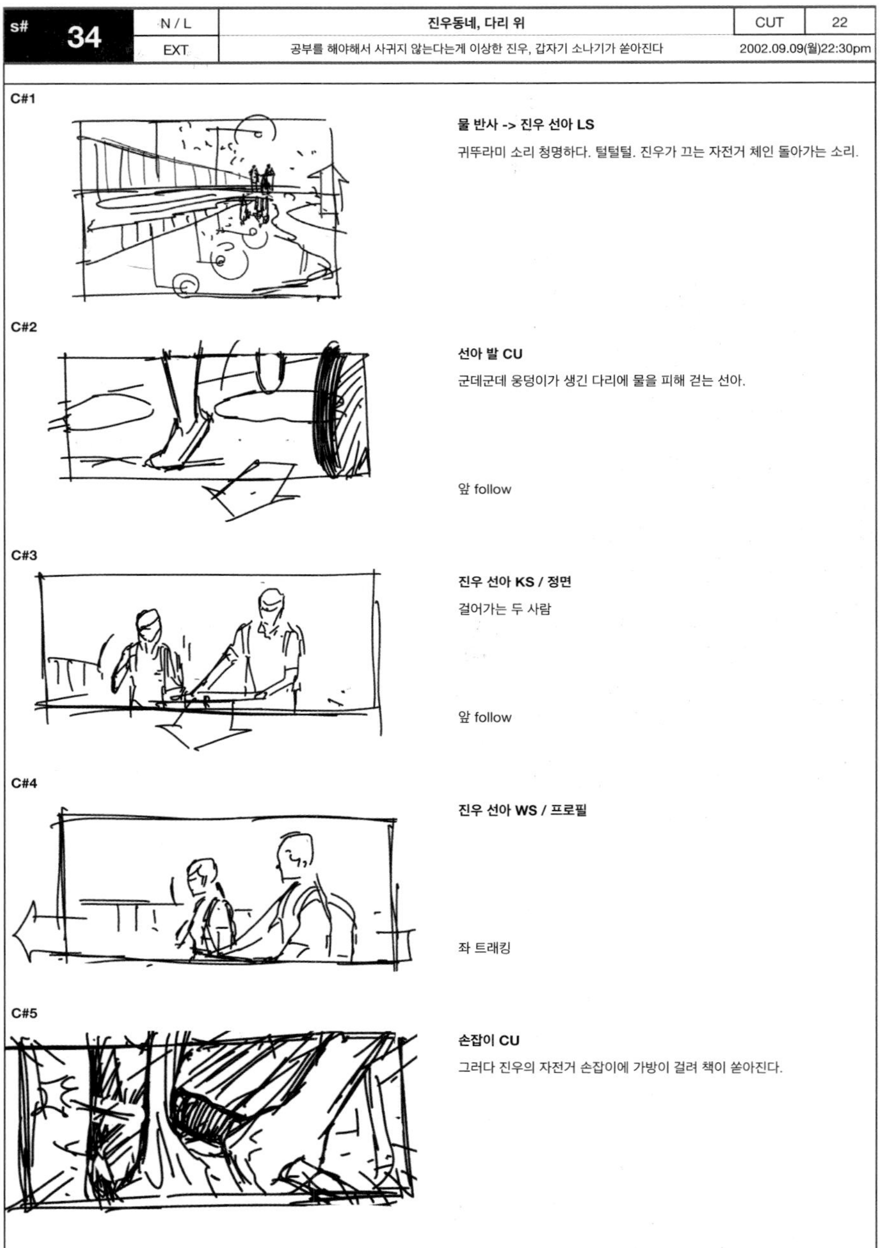

s# 34	N / L	진우동네, 다리 위	CUT	22
	EXT	공부를 해야해서 사귀지 않는다는게 이상한 진우, 갑자기 소나기가 쏟아진다	2002.09.09(월)22:30pm	

C#1

물 반사 -> 진우 선아 LS

귀뚜라미 소리 청명하다. 털털털. 진우가 끄는 자전거 체인 돌아가는 소리.

C#2

선아 발 CU

군데군데 웅덩이가 생긴 다리에 물을 피해 걷는 선아.

앞 follow

C#3

진우 선아 KS / 정면

걸어가는 두 사람

앞 follow

C#4

진우 선아 WS / 프로필

좌 트래킹

C#5

손잡이 CU

그러다 진우의 자전거 손잡이에 가방이 걸려 책이 쏟아진다.

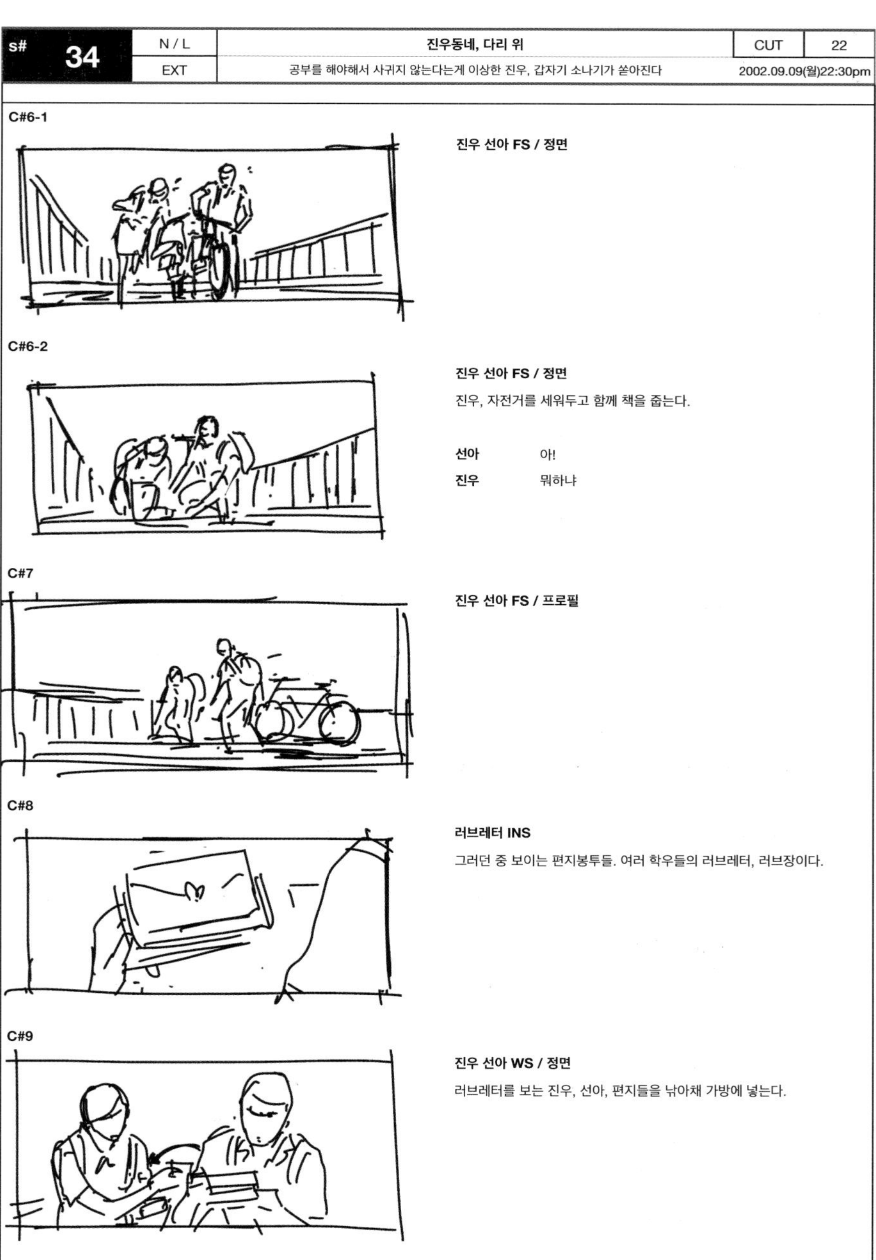

S#	34	N / L	진우동네, 다리 위	CUT	22
		EXT	공부를 해야해서 사귀지 않는다는게 이상한 진우, 갑자기 소나기가 쏟아진다	2002.09.09(월)22:30pm	

C#6-1

진우 선아 FS / 정면

C#6-2

진우 선아 FS / 정면

진우, 자전거를 세워두고 함께 책을 줍는다.

선아 아!

진우 뭐하냐

C#7

진우 선아 FS / 프로필

C#8

러브레터 INS

그러던 중 보이는 편지봉투들. 여러 학우들의 러브레터, 러브장이다.

C#9

진우 선아 WS / 정면

러브레터를 보는 진우, 선아, 편지들을 낚아채 가방에 넣는다.

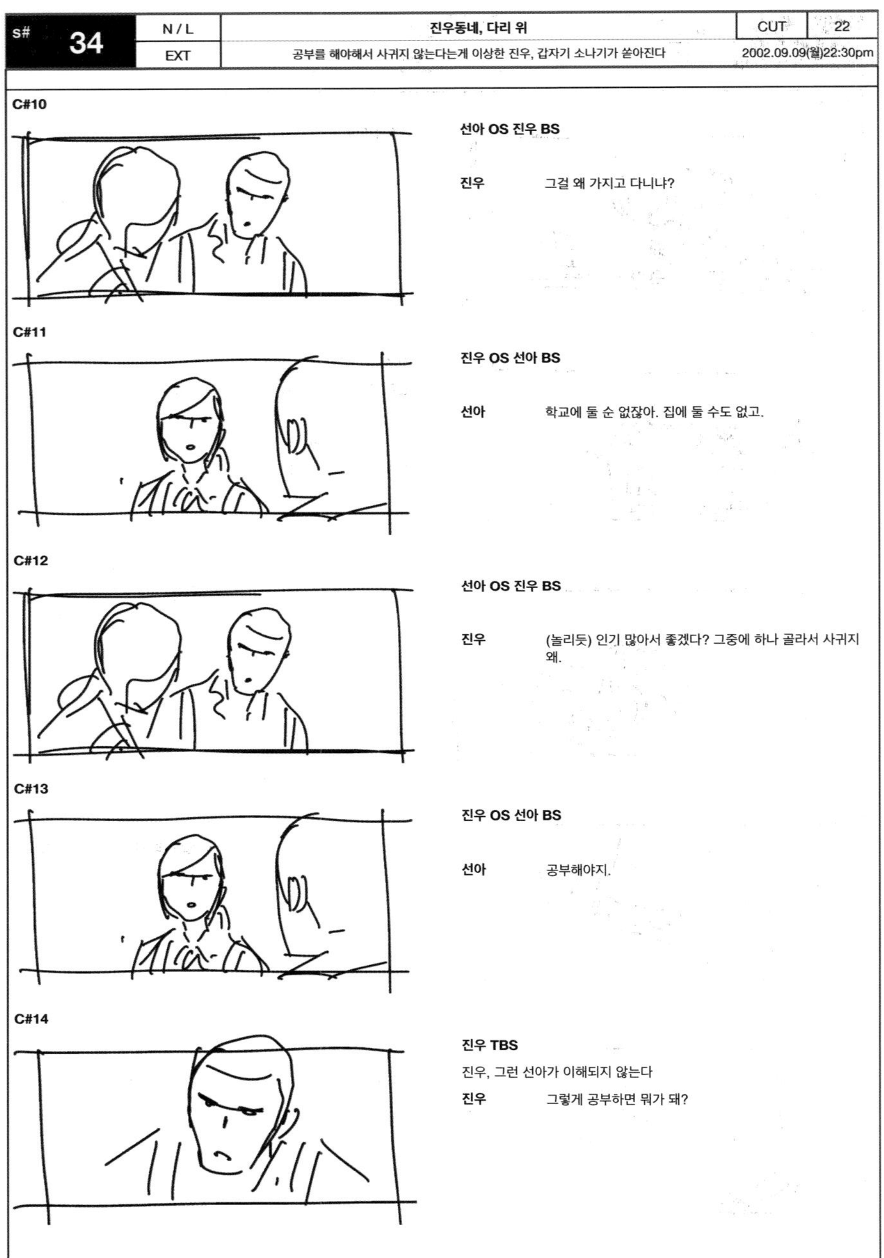

S# 34	N / L	진우동네, 다리 위	CUT	22
	EXT	공부를 해야해서 사귀지 않는다는게 이상한 진우, 갑자기 소나기가 쏟아진다	2002.09.09(월)22:30pm	

C#10

선아 OS 진우 BS

진우 그걸 왜 가지고 다니냐?

C#11

진우 OS 선아 BS

선아 학교에 둘 순 없잖아. 집에 둘 수도 없고.

C#12

선아 OS 진우 BS

진우 (놀리듯) 인기 많아서 좋겠다? 그중에 하나 골라서 사귀지 왜.

C#13

진우 OS 선아 BS

선아 공부해야지.

C#14

진우 TBS

진우, 그런 선아가 이해되지 않는다

진우 그렇게 공부하면 뭐가 돼?

s# 34	N / L	진우동네, 다리 위	CUT	22
	EXT	공부를 해야해서 사귀지 않는다는게 이상한 진우, 갑자기 소나기가 쏟아진다	2002.09.09(월)22:30pm	

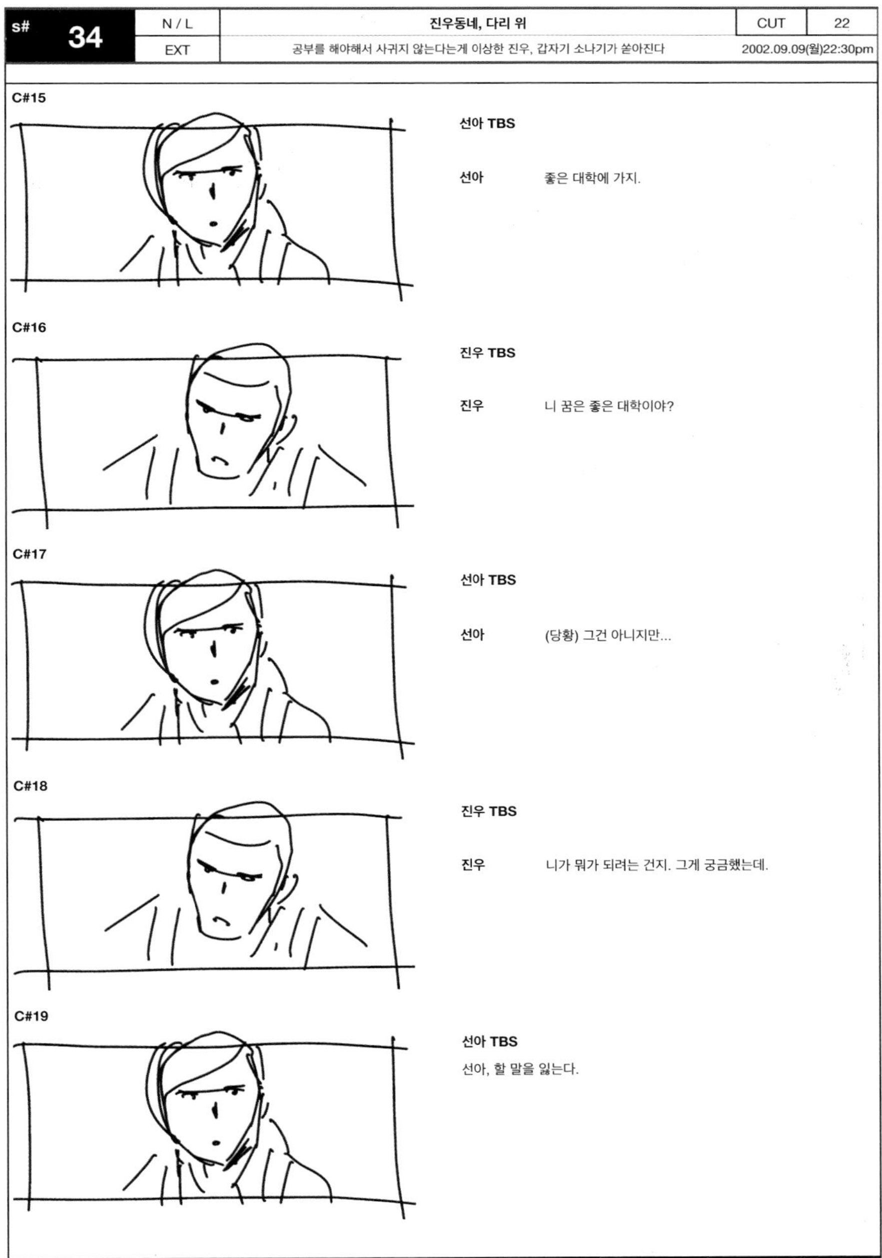

C#15

선아 TBS

선아 좋은 대학에 가지.

C#16

진우 TBS

진우 니 꿈은 좋은 대학이야?

C#17

선아 TBS

선아 (당황) 그건 아니지만...

C#18

진우 TBS

진우 니가 뭐가 되려는 건지. 그게 궁금했는데.

C#19

선아 TBS

선아, 할 말을 잃는다.

s# 34	N / L	진우동네, 다리 위	CUT	22
	EXT	공부를 해야해서 사귀지 않는다는게 이상한 진우, 갑자기 소나기가 쏟아진다	2002.09.09(월)22:30pm	

C#20

선아 진우 FS

소나기가 다시 쏟아진다.
진우, 주웠던 교과서를 선아에게 토스한다.
선아는 책으로 머리를 가리고, 진우는 자전거를 끌고, 비를 피해 달린다.

C#21

선아 진우 LS / 프로필

C#22

선아 진우 LS / 후면

s# 35	N / L	진우동네, 버스정류장	CUT	33
	EXT	비를 피해 들어간 정류소에서 서로 장난을 치며 묘한 해방감을 느끼는 둘	2002.09.09(월)22:35pm	

C#1-1

선아 OS 진우 WS

투명한 버스 정류장으로 뛰어 들어가는 두 사람.

C#1-2

선아 OS 진우 BS

선아 (숨 차고) 소나기네

진우 (헉헉) 똑 부러지는 애가 우산 좀 챙기지.

C#2

진우 선아 FS / 정면

두 사람 사이. 어색한 긴장감이 감돈다.

앞 follow

C#3

선아 진우 WS

선아, 가방에 젖은 책을 털어 챙겨 넣고 생수통을 꺼낸다.

오토바이 in

C#4

바이크 바퀴 INS

그때, 오토바이가 둘 앞을 급히 지나치며 물을 튀기며 지나간다

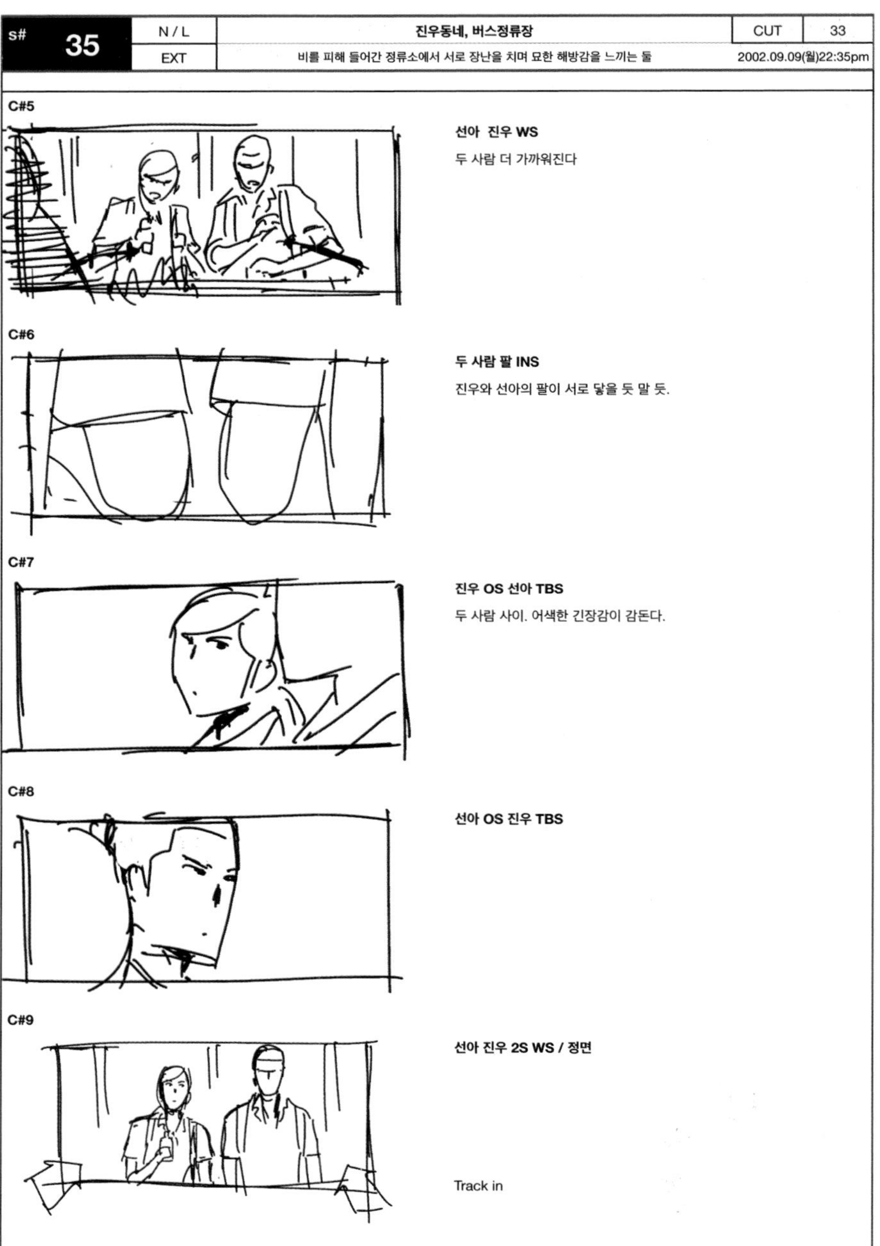
s# 35
N / L
EXT
진우동네, 버스정류장
비를 피해 들어간 정류소에서 서로 장난을 치며 묘한 해방감을 느끼는 둘
CUT 33
2002.09.09(월)22:35pm
C#5
선아 진우 WS
두 사람 더 가까워진다
C#6
두 사람 팔 INS
진우와 선아의 팔이 서로 닿을 듯 말 듯.
C#7
진우 OS 선아 TBS
두 사람 사이. 어색한 긴장감이 감돈다.
C#8
선아 OS 진우 TBS
C#9
선아 진우 2S WS / 정면
Track in

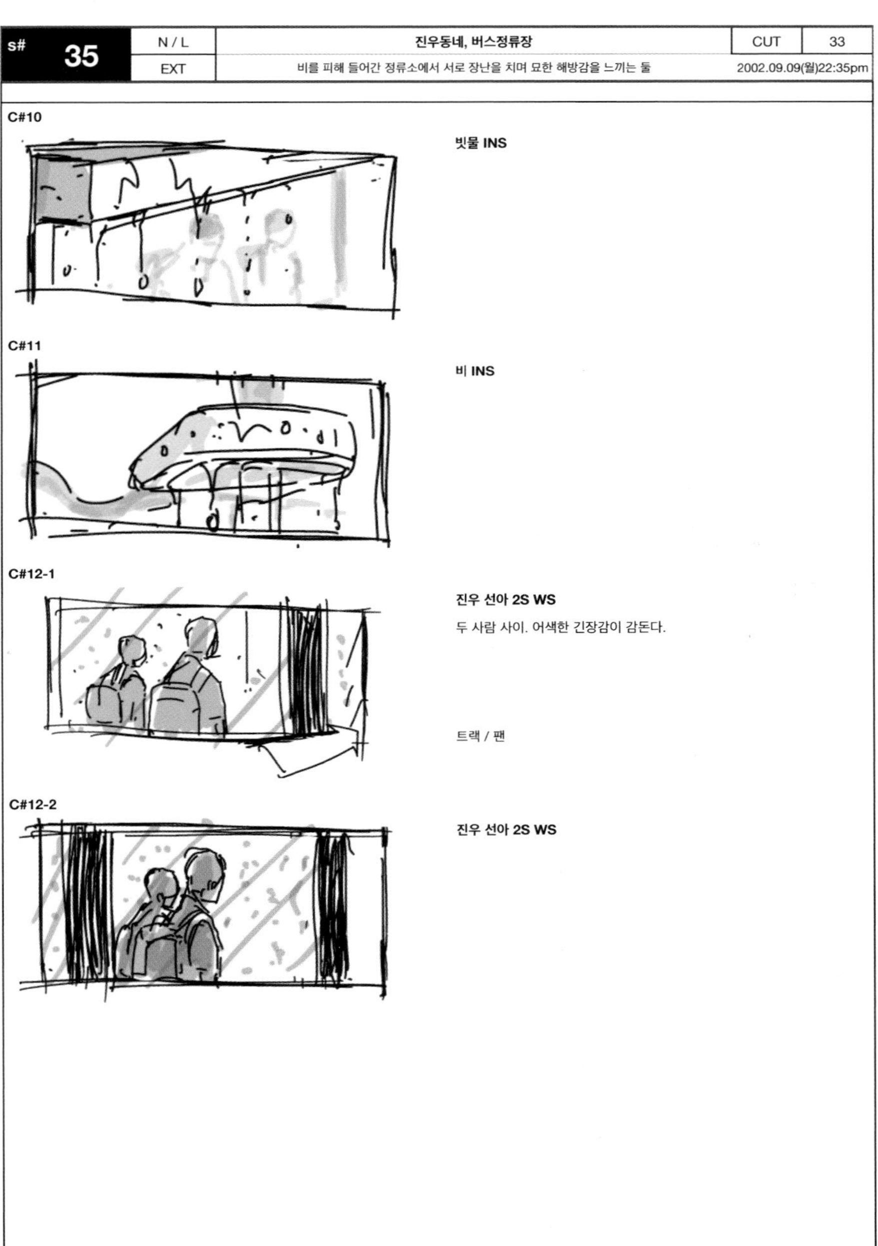

s# 35	N / L	진우동네, 버스정류장	CUT	33
	EXT	비를 피해 들어간 정류소에서 서로 장난을 치며 묘한 해방감을 느끼는 둘	2002.09.09(월)22:35pm	

C#10

빗물 INS

C#11

비 INS

C#12-1

진우 선아 2S WS

두 사람 사이. 어색한 긴장감이 감돈다.

트랙 / 팬

C#12-2

진우 선아 2S WS

S# 35	N / L	진우동네, 버스정류장	CUT	33
	EXT	비를 피해 들어간 정류소에서 서로 장난을 치며 묘한 해방감을 느끼는 둘	2002.09.09(월)22:35pm	

C#13

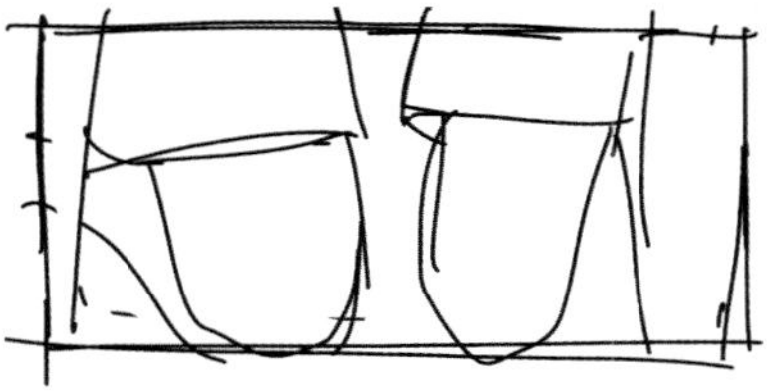

두 사람 팔 INS

C#14

선아 TBS

그때, 콰광! 천둥이 치고, 소리에 놀란 선아가 물통을 콱 눌러 물총처럼 쏴진다.

C#15

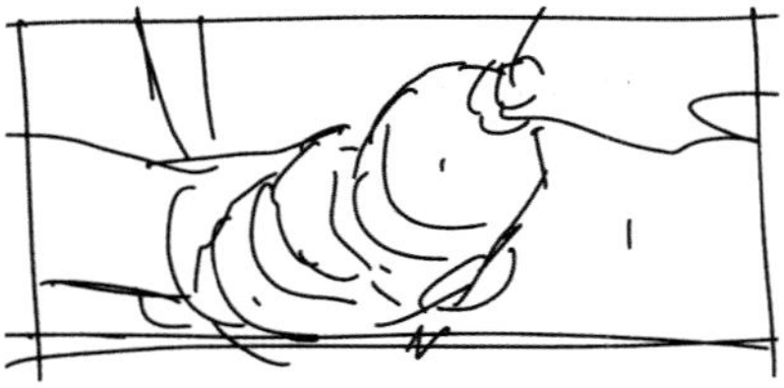

생수 INS

물총처럼 쏴지는 생수

C#16

선아 진우 WS

진우 아.

선아 (당황) 미안.

진우 (가방에서 생수 꺼내) 나도 있거든?

C#17

선아 진우 2S WS / 측면

진우가 씨익- 미소 짓는다.

선아 악! 하지 마!

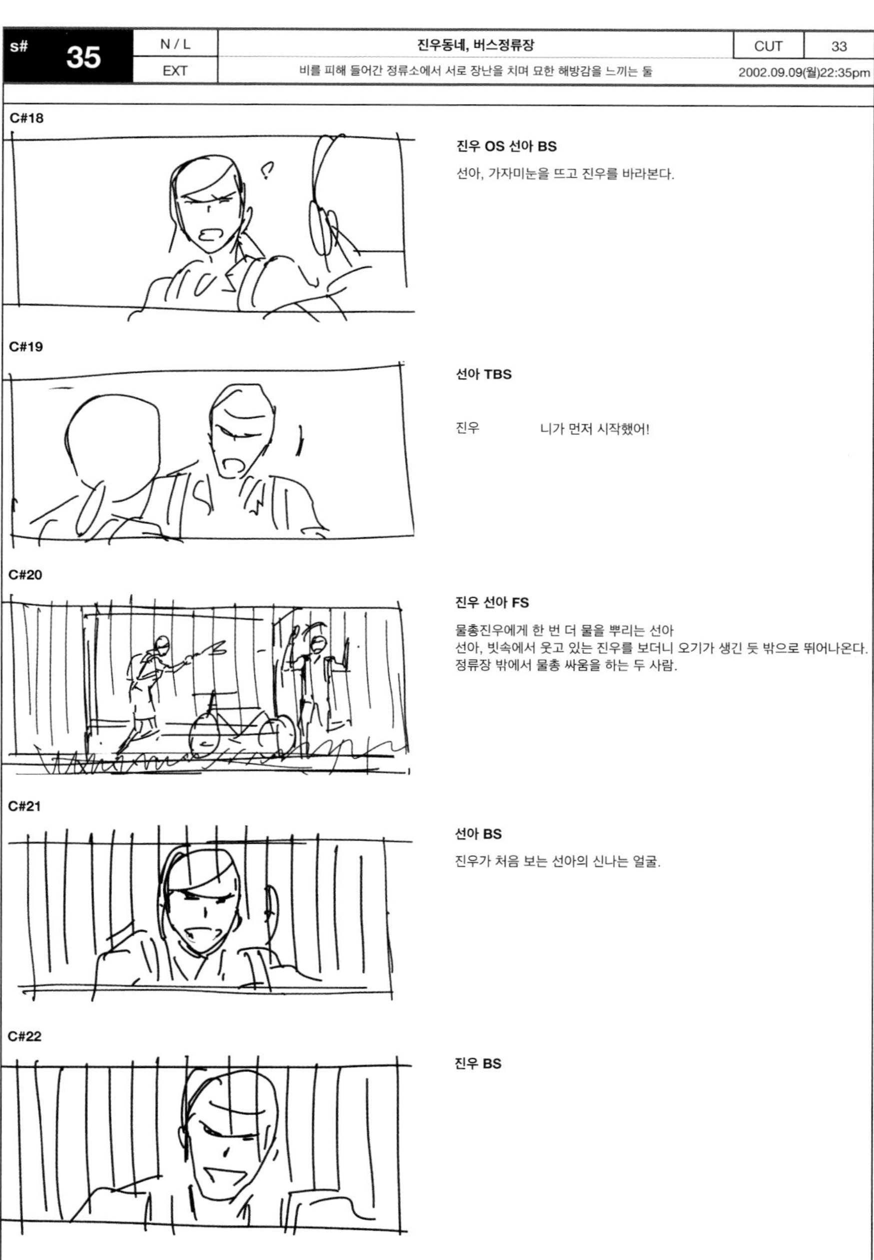

s# 35	N / L	진우동네, 버스정류장	CUT	33
	EXT	비를 피해 들어간 정류소에서 서로 장난을 치며 묘한 해방감을 느끼는 둘	2002.09.09(월)22:35pm	

C#18

진우 OS 선아 BS

선아, 가자미눈을 뜨고 진우를 바라본다.

C#19

선아 TBS

진우 니가 먼저 시작했어!

C#20

진우 선아 FS

물총진우에게 한 번 더 물을 뿌리는 선아
선아, 빗속에서 웃고 있는 진우를 보더니 오기가 생긴 듯 밖으로 뛰어나온다.
정류장 밖에서 물총 싸움을 하는 두 사람.

C#21

선아 BS

진우가 처음 보는 선아의 신나는 얼굴.

C#22

진우 BS

34. 학교, 교정 계단 / 낮

진우의 빡빡머리를 쓰다듬는 병주의 손.
진우와 친구들 운동장 계단에 앉아 광합성 중이다.

성빈	웬 반삭이냐. 반 삭아 보이게.
병주	곧 추워지는데 뭐하러 머리를. 얘 빵꾸도 많아.
태완	너 이제 여자 안 꼬이겠다.
진우	여자 관심 없어.

어엉? 진우를 의심스럽게 쳐다보는 친구들.
양팔로 가슴을 가리다, 아, 하며 아랫도리를 가리는 태완.

진우	남자는 더 관심 없어.
동현	(먹던 바나나우유를 뿜는) 풉.

하얀 머리띠에 머리를 푼 선아가 지수와 함께 진우 패거리들 앞을 지나간다.
넋이 나간 아이들. 긴 생머리의 선아에게서 눈을 떼지 못한다.
시간이 멈춘 듯, 느린 화면으로 햇살을 받은 선아가 해사하게 빛난다.

태완	(말없이 황홀하게 선아를 쳐다보면)
병주	뭔 생각해.
태완	아니야. 아니야. 난 그렇게 생각하지 않았어!
병주	(태완 때리며) 빠샤!

선아를 바라보는 친구들이 제각각 자신만의 상상에 빠져 있는 동안 진우 역시 빛이 나는 선아에게서 눈을 떼지 못한다.

NA **진우** 선아는 내기에서 이겼는데 왜 귀신처럼 머리를 풀었을까? 궁금했지만, 왠지 물어볼 수 없었다.

35. 진우의 집 / 저녁

다녀왔습니다…. 현관문을 열고 들어오는 진우.
경호는 소파에 앉아 빨래를 개고 있고, 승희는 부엌에 앉아 서류를 체크하고 있다.

경호 왔니.
승희 씻어라 아들.

양말을 벗으며 베란다로 걸어가는 진우. 잠시 후,

진우 (베란다 나오며) 아 아빠! 이거 빨면 안 된다고!!
경호 그럼 그 냄새 나는 걸 그냥 둬?
진우 어! 어! 어! 아 망했어!

진우, 파란 얼룩이 든 반팔을 들고 방으로 들어간다.

경호 왜? 내가 뭐 잘못했어?

36. 고3 몽타주

[학교, 교실-복도 / 낮]

2학년 팻말이 붙어 있는 복도.
카메라가 뒷문을 넘어 교실로 들어오면, 교실 안 풍경이 점차 정리된다.
칠판 왼쪽 가장자리엔 빨간색으로 적힌 디데이 숫자. D-365에서 점차 줄어들고.
일어나 시끄럽게 떠들고 장난치던 아이들이 점차 자리에 앉아 공부하기 시작한다.
창밖의 풍경 역시 가을-겨울-봄-여름-가을 순으로 변한다.

NA 진우 고3이 되고, 야자 시간이 좋아졌다.

[학교, 복도 / 밤]

카메라 다시 복도로 빠져나오면 2학년 팻말이 3학년 팻말로 바뀌어 있다.
긴팔 체육복과 춘추복을 섞어 입은 모습이고, 복도로 나와 서서 공부하는 아이들.
잠을 깨우느라 힘들어 보인다.
선아가 복도로 나오면, 옆 반 창문으로 보다가 어김없이 복도를 따라 나오는 진우.

NA 진우 다른 반이 된 선아를 볼 수 있으니까.

[수능학교, 전경 / 낮]

앙상해진 나무들 사이에 '대학 수학 능력 시험' 현수막이 걸려 있다.

그 아래로, 도시락통을 들고 시험장에 들어가는 진우.
숨 쉴 때마다 하얀 입김 아른거린다.

NA 진우 그리고 드디어. 결전의 그날.

진우의 모습 뒤로, 수험장에 들어가는 학생들, 수험생을 응원하는 후배들.
오토바이와 경찰차를 타고 도착하는 학생들, 기도하는 엄마들 보인다.

37. 수능 시험장 / 아침 - 낮

고사장에서 문제를 푸는 진우. 낯설 정도로 진지하다.

NA 진우 초등학교 6년, 중학교 3년, 고등학교 3년.

거침없이 답을 체크하고 시험지를 넘기는 성빈.
아랫도리를 연신 만지작거리는 태완, 그런 태완의 손이 매우 신경 쓰이는 감독관.
꼬르륵거리는 배를 신경 쓰며 시험을 보는 동현 뒤로 이미 잠들어 있는 병주.
OMR 카드 마킹이 하트 모양으로 되어 있고, 이를 보며 뿌듯해하는 지수.

NA 진우 총 12년이라는 긴 시간이 고작 단 하루에 평가됐다.

초조한 표정으로 수험장 시계를 보는 선아, 긴장감에 손이 떨려 마킹이 삐뚤다.
급하게 마지막 마킹을 마무리하는 선아의 손에서, 시험 종료 소리가 울린다.

S# 38-3	D / L	<고3 몽타주> 수능학교, 전경	CUT	7
	EXT	수험장에 들어가는 진우, 가지각색의 수험생 모습들	2003.11.05(수)7:50am	

C#1-1

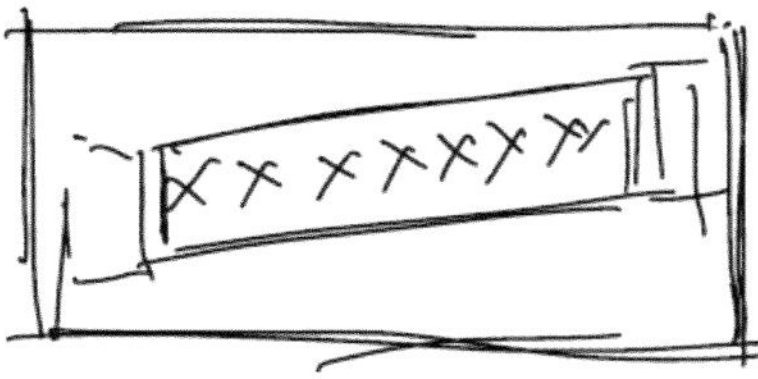

현수막 INS

앙상해진 나무들 사이에 '대학 수학 능력 시험' 현수막이 걸려있다.

C#1-2

진우 OS 현수막 BS

그 아래로, 도시락통을 들고 시험장에 들어가는 진우.

진우 f.i

C#2

진우 TBS / 프로필

숨 쉴 때마다 하얀 입김 아른거린다.

진우NA 그리고 드디어. 결전의 그날.

C#3

진우, 학생들 WS

진우의 모습 뒤로, 수험장에 들어가는 학생들.
교문에는 수험생을 응원하는 후배들, 기도하는 엄마들 줄지어 있고,
오토바이와 경찰차를 타고 도착하는 학생도 보인다.

C#4

기자 BS

오늘은 2004학년도 대학수학능력 시험일입니다. 각 기업체 출근 시간이 1시간 늦어지고 언어영역과 외국어 영역 듣기평가가 실시되는 1교시 오전 8시 40분부터 15분간, 4교시 오후 3시 50분부터 20분간은 수험장 주변 운행 차량의 경적 사용은 물론 모든 항공기 이착륙이 전면 통제되오니 참고하시기를 바랍니다.

s# 38-3	D / L	<고3 몽타주> 수능학교, 전경	CUT	7
	EXT	수험장에 들어가는 진우, 가지각색의 수험생 모습들	2003.11.05(수)7:50am	

C#5

경찰 오토바이 FS

경찰 오토바이를 타고 도착한 학생

C#6

경찰차 OS 학생 FS

경찰차에서 내려 뛰어가는 학생

C#7

아주머니 BS / 측면

교문 앞에서 기도하는 아주머니

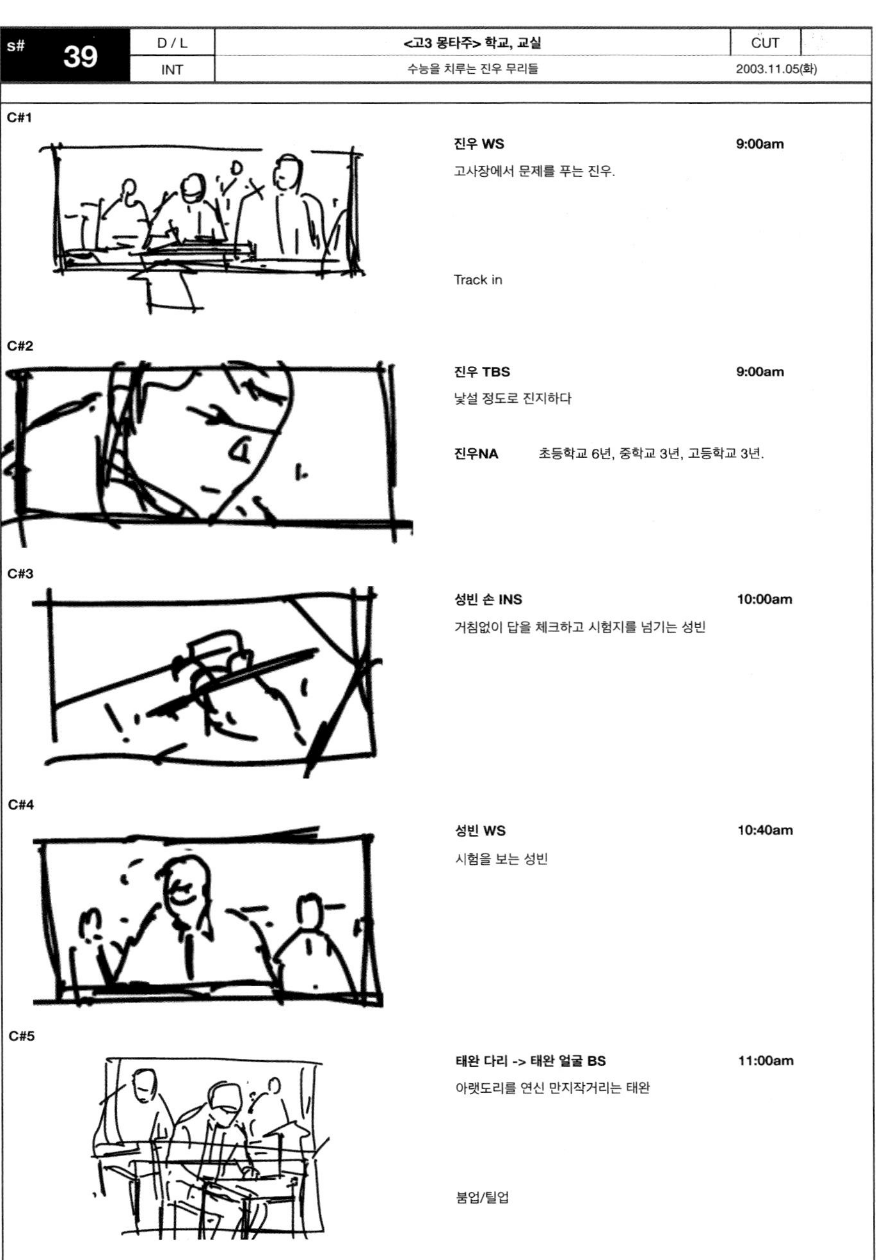

s# 39	D / L	<고3 몽타주> 학교, 교실	CUT	
	INT	수능을 치루는 진우 무리들	2003.11.05(화)	

C#1

진우 WS **9:00am**

고사장에서 문제를 푸는 진우.

Track in

C#2

진우 TBS **9:00am**

낯설 정도로 진지하다

진우NA 초등학교 6년, 중학교 3년, 고등학교 3년.

C#3

성빈 손 INS **10:00am**

거침없이 답을 체크하고 시험지를 넘기는 성빈

C#4

성빈 WS **10:40am**

시험을 보는 성빈

C#5

태완 다리 -> 태완 얼굴 BS **11:00am**

아랫도리를 연신 만지작거리는 태완

붐업/틸업

s# 39	D / L	<고3 몽타주> 학교, 교실	CUT	
	INT	수능을 치루는 진우 무리들	2003.11.05(화)	

C#6

태완 다리 OS 감독관 WS **9:00pm**

그런 태완의 손이 매우 신경 쓰이는 감독관.

Track in

C#7

동현 OS 병주 WS **14:00pm**

울상으로 시험지를 내려다보며 한숨만 푹푹 쉬는 동현과 이미 잠들어 있는 병주.

진우NA 총 12년이라는 긴 시간이 고작 단 하루에 평가됐다

우 트래킹

C#8

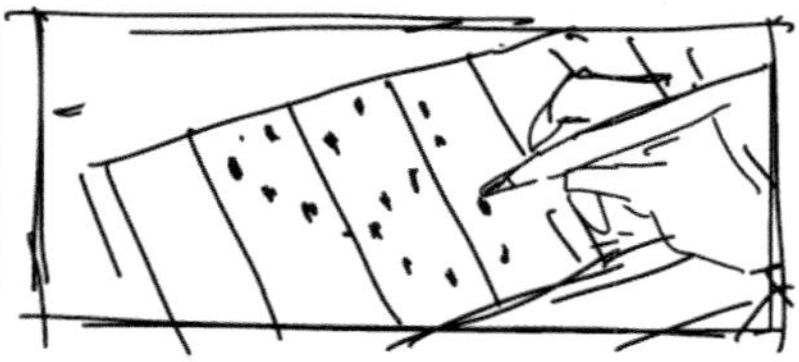

지수 손 INS **14:10pm**

하트 무늬로 OMR을 마킹하는 지수

C#9

선아 BS **16:45pm**

초조한 표정으로 수험장 시계를 보는 선아

C#10

선아 OS 시계 **16:55pm**

s# 39	D / L	<고3 몽타주> 학교, 교실	CUT	
	INT	수능을 치루는 진우 무리들	2003.11.05(화)	

C#11

선아 BS **16:55pm**

얼마남지 않은 시간에 긴장하는 선아

C#12

선아 손 CU **16:57pm**

긴장감에 손이 떨려 마킹이 삐뚤하다.

C#13

선아 CU **16:58pm**

입술을 꼭 깨무는 선아...

C#14

시계 CU **16:59pm**

얼마 남지 않은 시간

C#15

선아 손 ECU **16:59pm**

당황해서 급하게 마킹을 마무리하는 선아의 손

진우NA 끝나면 후련할 줄 알았는데... 이상하게 허무했다.

NA 진우 끝나면 후련할 줄 알았는데… 이상하게 허무했다.

고사장 복도로 걸어 나오는 진우.
막 전투를 마친 영웅처럼 고속 촬영된 화면이다.

NA 진우 그래서 우리는… 미친 듯이 놀기 시작했다.

이 반, 저 반에서 튀어나오는 진우 패거리 친구들.
중앙 현관에서 모두 합쳐지더니, 비장하게 진우의 뒤를 따른다.
그 뒤로, 다른 고3 학생들도 멋지게 걸어 나오며 시작되는 강렬한 기타 소리!

38. 수능 뒤풀이 몽타주 (현실-판타지)

[노래방]

신나는 펑크 락 "노브레인-넌 내게 반했어" 가 연주된다.

진우 워우 워우 워어~ 넌 내게 반했어. 화려한 조명 속에 빛나고 있는!

진우의 얼굴에서 카메라 서서히 빠지면,
뒤로 보이는 노래방 화면이 무대 배경으로 연결되고-

A.O.R

[인디 공연장 (판타지)]

무대 위에서 노래를 부르는 진우의 모습.

진우	넌 내게 반했어. 뜨거운 토요일 밤의 열기 속에! 넌 내게 반했어. 솔직하게 말을 해봐!

무대를 바라보며 환호하는 친구들,
어느 순간 그들도 무대 위 조명을 받으며 함께 노래를 부르고 있다.

진우	(선아와 눈 마주치며) 도도한 눈빛으로 제압하려 해도. 난 그런 속임수에 속지 않아. 애매한 그 눈빛은 뭘 말하는 거니. 넌 내게 반했어. 춤을 춰줘. COME ON COME ON. 내 눈과 너의 눈이 마주쳤던 순간. 튀었던 정열의 불꽃들!

무대 아래엔 수많은 학생이 좀비처럼 우스꽝스럽게 헤드뱅잉 한다.

[학교, 복도 / 낮]

책거리(책 버리기)를 하는 친구들.
그동안 공부했던 책들을 카메라 앞으로 던져 버린다.
선아와 성빈이가 던지는 책은 엄청난 양,
동현이는 책 반 과자 봉지 반, 태완이와 지수는 버릴 책이 몇 권 없고,

병주는 소란에도 아랑곳하지 않고 사물함 위에 누워 숙면 중.
진우의 책은 대부분 씹어 먹어 아작이 나 있다.

Oh stand by me~ stand by me~ stand by me~
원한다면 밤하늘의 별도 따 줄 텐데.
Oh stand by me~ stand by me~ stand by me~

[놀이동산 / 낮]

작은 놀이동산에서 진우와 친구들이 바이킹과 디스코팡팡을 타며 소리 지른다.

내 볼에다 입 맞춰줘 오우 예~
Oh stand by me~ stand by me~ stand by me~

[노래방 / 밤]

노래방에서 노래를 함께 부르는 진우와 친구들.
동현이는 가방에서 몰래 맥주병과 소주병을 꺼낸다.
동현이 서툴게 맥주를 따르면 금빛 맥주 위 하얀 거품이 와르르 넘쳐흐르고-

39. 바다 / 낮

하얗게 파도가 부서져 금빛 모래를 씻어 간다.

겨울 바다를 향해 달려가는 아이들,

발이 닿자마자 으악 차거라! 하며 뛰쳐나온다.

병주 야 누가 겨울에 바다 오자고 그랬어!!!

선아 미안….

병주 바다는 역시 겨울 바다지!!

진우와 태완, 병주를 번쩍 들고 앞뒤로 잡아 든다.

빙빙 흔들다가 물에 던져버리는!

으악~ 물에 빠져 비명을 지르는 병주를 보고 깔깔대는 진우와 태완.

갑자기 태완을 끌어안고 괴성을 지르며 물로 뛰어 들어가는 진우!

비명을 지르는 태완. 그러거나 말거나, 동현과 지수는 모래 위에서 어설픈 걸그룹 춤을 추느라 정신없고.

해변가에 앉아 그런 아이들의 모습을 보며 웃는 선아.

누군가 선아의 어깨에 두툼한 머플러를 감아 준다. 돌아보면 성빈.

성빈 뭐가 그렇게 재밌어?

선아 하는 짓이 동네 꼬맹이들보다 유치하잖아. 너무 유치해.

성빈, 선아가 보는 시선을 따라가면 진우가 해맑게 장난치고 있다.
그 시선을 끊어버리며,

성빈 선아야. (긴장) 수능 끝나고 꼭 물어보고 싶었는데.

선아 (돌아보며) 응?

성빈 혹시… 혹시 나는 어떻다고 생각-

물어보는데, 진우가 주워 온 미역을 성빈이 머리에 내던지고 달아난다.

성빈 (애써 웃으며) 선아야. 잠깐만.

성빈이 자리에서 일어나 진우를 쫓는다.
선아가 그 모습에 또 한 번 웃음을 쏟는다.

40. 바다 앞, 돌담 / 낮

방파제 위에 걸터앉은 아이들, 다리를 달랑거리며 수평선을 바라본다.
물에 젖은 옷 위로 점퍼를 걸친 병주와 동현.

병주 우린 나중에 뭐가 돼 있을까?

동현 성유리 남편.

병주 진지한 질문엔 진지하게 대답해 임마.

동현 아아아 알았어. 음… 선아랑 CC.

병주 진지하게 좀 진지하게 대답! 진지하게 대답하라고 임마!

다들 동현을 째려보면,

동현 하긴 선아랑 같은 대학을 못 가니까 그게 문제다.

태완 나는….

동현 성빈이 넌?

태완 어, 성빈이.

성빈 나는 법대 입학하면 바로 휴학하고 사법고시부터 패스해야지. (선아 힐긋 보고) 결혼도 빨리하고 싶어.

병주 뭔 말이야.

동현 밥맛 떨어지는 놈.

태완 야, 동현아. 나는 꼭 여자친구를 만들 거야.

병주 나는 잘 거야. 진짜 많이 잘 거야. 나 그동안 하루도 제대로 못 자서 너무 힘들었어.

모두들 병주를 어이없이 쳐다본다.

지수 나는 꼭 오디션 합격해서 아이돌 될 거야. 그리고 몇 년 빡세게 활동하다가 팀 해체하면 정우성 오빠랑 결혼해야징~.

병주 와 윤지수 꿈 되게 크고 되게 구체적이다. 쓸데없이. 정우성 오빠한테 물어봐라. 정우성 오빠도 입장이란 게 있어. 선아는?

선아 우선은 좋은 대학. 그 다음엔… (웃음) 아직 잘 모르겠네.

병주 우리 선아는 꿈이 지나치게 없네. 야, 선아야. 지수 꺼 꿈 좀 가져가. 쟤 꿈 많은 거 봐.

진우 (방해하듯 끼어들며) 난 안 물어보냐?

병주　　　　넌 뭔데?

진우　　　　이제부터 증명해야지.

병주　　　　뭘?

진우　　　　역시, 난 대단한 사람이란 걸.

병주　　　　대가리가 단단한 사람!

진우와 병주가 실없이 낄낄거린다.
선아, 물끄러미 진우를 보다-

선아　　　　대단한 사람이란 게 뭐야?

진우　　　　음… 존재만으로도 세상을 바꿀 수 있는 사람!

다들 무언가 생각에 빠지는데, 성빈이 분위기를 끊는다.

성빈　　　　오버하지 마. 기껏 수능 한 번 보고 우리가 무슨 대단한 사람이 되고 말고냐.

병주　　　　오바해. 오바해. 오바 좀 하면 어때! 수능 끝났는데!

동현　　　　(술 꺼내며) 그래! 이제 자유다!!! 받아, 받아.

태완　　　　(주변 둘러보며) 대낮인데 괜찮을까?

동현　　　　(병주에게) 넌 생일 안 지났잖아.

병주　　　　나만 안 지난 거 아니야, 윤지수랑 선아도-

선아　　　　(캔 따는 소리) 딸깍. (술을 원샷)

일동, 선아의 새로운 모습에 멈칫했다가,

성빈 (선아 보며) 멋있다.

진우 (캔 따며) 뭐 어때, 수능 끝났는데!

병주 그래! 마시자!

맥주캔을 들어 올리는 아이들,

진우 (캔 들고) 꿈은, 이루어진다!

아이들 꿈은, 이루어진다!!!

바다를 향해 저마다 꿈을 소리치는 아이들. 청춘이다.
흥을 주체 못한 병주가 바다로 다시 달려간다.
선아가 진우 캔에 짠하며 '빠샤-' 외친다.

41. 진우의 집, 부엌 / 밤

경호가 주방에서 요리하는 소리가 요란하고
거실 소파에서 통화 중인 승희, 어딘가 들뜨고 도도한 콧소리.

승희 우리 진우? 아우 머리야 원래 좋았지~

경호가 생선요리를 들고 와 식탁에 놓는다.
용 모양으로 깎은 당근으로 장식되어 있다.
진우, 식탁에 앉다가 신기해서 가까이 들여다본다.
승희, '발표 나면 연락할게~' 하며 식탁으로 온다.

승희 (식탁 앉으며) 아들. 이러다 2호선 라인 대학 가는 거 아냐?

경호 서울에 집을 알아봐야 하나… 우리 다 같이 인서울 하는 건가?

진우 (당근 장식 먹으며) 대학교엔 기숙사가 있어요.

경호 아쉬워라~

울리는 전화. 진우가 주머니에서 폴더폰을 꺼낸다.
발신자를 보더니 저도 모르게 떠오르는 미소.

진우 (괜히 틱틱대며) 뭐냐? 이 시간에.

하지만 곧 표정 심각해진다.

42. 학교 앞, 벤치 or 평상 / 밤

전력 질주로 불 꺼진 학교 앞으로 뛰어오는 진우.
꽉 닫혀버린 교문 옆, 서점 앞에 힘없이 앉은 선아를 보곤 천천히 숨을 고르며 다가온다.

진우 선아야. 무슨 일이야.

선아 나 어떡해...? (울먹) 4교시 답안 밀려 썼나 봐. 가채점보다 30점이나 낮게 나왔어.

진우, 차마 아무 말도 하지 못한다.

선아 한 번도 이런 적 없었는데...
제일 중요한 시험에서... 어이없는 실수를 해서....

고개를 떨구는 선아. 추위에 오들오들 떨고 있다.

선아 (울며) 나 진짜 어떡하지... 나 잘 하는 게 공부밖에 없었는데....

진우가 목도리를 풀어 선아에게 감아준다.
그제야 목도리에 얼굴을 파묻고 엉엉 눈물을 쏟아내는 선아.
진우, 손을 뻗지만 어찌할 바 몰라 하다 겨우 어깨를 토닥여준다.

진우 춥잖아. 카페라도 들어가자.

담배
CIGARETTES
KTRA

더 서럽게 울기 시작하는 선아.

진우가 선아 앞에 쭈그리고 앉는다.

	진우	선아야. 내가 너 많이 좋아하는 거 알지?
	선아	(울다가 당황스럽고) …어?
	진우	난 니 수능 결과가 어떻든 너 계속 좋아할 거야.
	선아	(당황스러워 눈물 그치고) 너 진짜… 분위기 파악 좀 해!
	진우	아 미안…. (본인도 당황)

선아가 더 서럽게 울기 시작하고, 자기 탓인 것만 같은 진우는 더욱 안절부절.

	진우	미안. 미안해. 내가 취소할게! 취소!
NA	**진우**	그땐 수능이 망하면 인생이 망하는 줄 알았다. 지금 생각해보면 그저 하나의 시험일 뿐, 아무것도 아니었는데 말이다.

진우가 선아 곁을 지켜준다.
손으로 어깨를 토닥여야 하나, 등을 두드려야 하나 어찌할 바 모르겠는데,
눈이 내리기 시작한다.
결국, 울고 있는 선아 머리 위에 손을 뻗어 눈을 막아주는 진우.

S# 44	N / L	학교, 교문 앞 / 등나무 벤치	CUT	19
	EXT	답안지를 밀려쓴 선아, 진우가 어색하게 위로해본다	2003.12.2(화)18:30pm	

C#1-1

진우 FS / 정면

전력 질주로 학교에 뛰어가는 진우.

Pan follow

C#1-2

진우 FS / 후면

C#2

진우 FS -> 진우 BS

교문을 통과하는 진우, 선아를 발견한다

C#3

선아 LS

등나무 벤치에 힘없이 앉아 있는 선아

C#4

선아 OS 진우 FS

천천히 숨을 고르며 다가오는 진우

진우 무슨 일이야.

s# 44	N / L	학교, 교문 앞 / 등나무 벤치	CUT	19
	EXT	답안지를 밀려쓴 선아, 진우가 어색하게 위로해본다	2003.12.2(화)18:30pm	

C#5

진우 OS 선아 BS

선아 나 어떡해...? (울먹) 4교시 답안 밀려 썼나 봐. 가채점보다 30점이나 낮게 나왔어.

C#6

진우 BS

진우, 차마 아무 말도 하지 못한다.

C#7

선아 TBS

고개를 떨구는 선아.

선아 한 번도 이런 적 없었는데...
제일 중요한 시험에서... 어이없는 실수를 했어...

C#8

선아 손 INS

추위에 오들오들 떨고 있다.

C#9

진우 BS

진우가 목도리를 푸른다

s# 44	N / L	학교, 교문 앞 / 등나무 벤치	CUT	19
	EXT	답안지를 밀려쓴 선아, 진우가 어색하게 위로해본다	2003.12.2(화)18:30pm	

C#10

진우 선아 2S KS

목도리를 선아에게 감아준다

선아 나 어떡해...? (울먹) 4교시 답안 밀려 썼나 봐. 가채점보다 30점이나 낮게 나왔어.

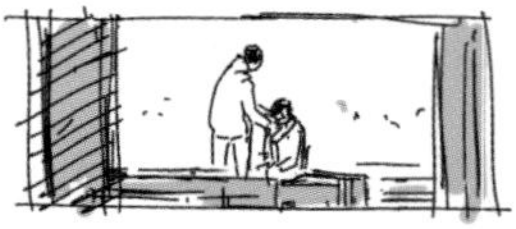

C#11

선아 TBS

그제야 목도리에 얼굴을 파묻고 엉엉 눈물을 쏟아내는 선아.

C#12

진우 TBS

진우 춥잖아. 카페라도 들어가자.

C#13

진우 선아 2S KS

더 서럽게 울기 시작하는 선아. 진우가 선아 앞에 쭈그리고 앉는다.

선아 (울며) 어떡해... 나 할 줄 아는 게 공부밖에 없었는데...

C#14

선아 OS 진우 BS

진우 선아야. 내가 너 많이 좋아하는 거 알지?

S# 44	N / L	학교, 교문 앞 / 등나무 벤치	CUT	19
	EXT	답안지를 밀려쓴 선아, 진우가 어색하게 위로해본다	2003.12.2(화)18:30pm	

C#15

진우 OS 선아 BS

선아 (울다가 당황스럽고) ...어?

C#16

선아 OS 진우 BS

진우 난 니 수능 결과가 어떻든 널 계속 좋아할 거야.

C#17

진우 OS 선아 BS

선아 (당황스러워 눈물 그치고) 훌쩍. 이 타이밍에 무슨 소릴 하는 거야.

C#18

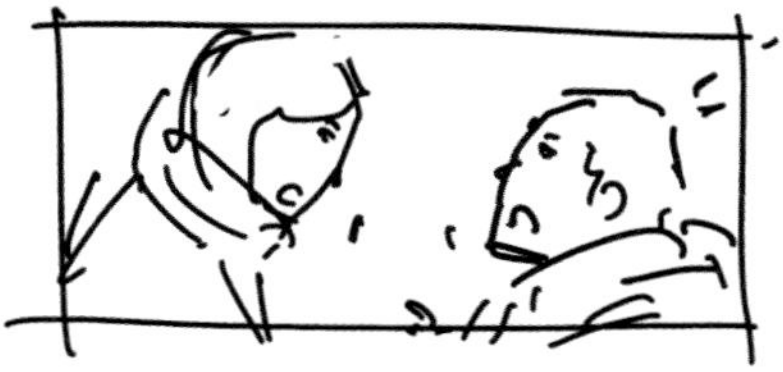

진우 선아 2S KS

더 서럽게 울기 시작하는 선아. 진우가 선아 앞에 쭈그리고 앉는다.

진우 아니 그게 아니라... (본인도 당황)

선아 너, 훌쩍, 진짜... 분위기 파악 좀...!

진우 미안. 미안해. 취소할게! 취소!

C#19

선아 진우 LS

손으로 어깨를 토닥여야 하나, 등을 두드려야 하나 어찌할 바 모르겠는데, 눈이 내리기 시작한다.
결국, 울고 있는 선아 머리 위에 손을 뻗어 눈을 막아주는 진우.

진우NA 그땐 수능이 망하면 인생이 망하는 줄 알았다. 이제 와 보면 그저 하나의 시험에 불과했는데 말이다.

추가 - 2S KS

사무용
학용품
교재
영신 문구
문구
문구
팬시
판매
명함 / 스티커
교통카드 충전 / 도장 / 인쇄

담배
CIGARETTES
KTRA
문구

43. 학교, 대강당 / 낮

졸업식 음악이 울려 퍼진다.
노래를 따라 부르는 학생들 사이로 진우와 친구들 차례로 보인다.
머리를 길러 더 멋있어진 성빈. 교복 위에 명품 로고가 박힌 코트를 걸쳤다.

NA **진우** 성빈이는 신촌에 있는 법대에 합격했다.
안전빵으로 하향 지원했다더니... 끝까지 재수 없는 놈.

성빈이 뒤를 돌아 모피 코트에 잔뜩 멋 부린 엄마를 쳐다본다.
엄마가 디카로 열심히 사진을 찍고 있다.
그 옆에서 전화를 받으며 밖으로 나가는 아주머니.
염주를 차고 회색 옷을 맞춰 입은 동현의 엄마다. 동현이와 많이 닮았다.

동현엄마 네! 주지 스님! 동현이 엄마예요. 네 합격 했어요.
다 부처님 덕분이지요.

NA **진우** 뚱덕은 가톨릭대에 붙었다. 관세음보살.

그 옆으로 급히 뛰어 들어오는 가족.
어기적거리며 제대로 뛰지 못하는 아저씨를 잡아끄는 아주머니.
아저씨의 바지가 불룩하다.

태완엄마 태완아빠! 좀 빨리 와!

NA **진우** 돌, 바람, 여자가 많은 곳으로 간 변태왕. 제주대에 붙었다.
연애하고 싶다고 그렇게 빌더니. 하늘이 감동했나 보다.

자다 온 모습으로 뒤늦게 대강당으로 뛰어오는 병주.

목에 건 핸드폰이 울린다.

	병주	병규가 아니라 병주요, 병주. 그리고 제가 지금 졸업해야 돼가지고. 감사합니다. (방방 뛰며) 나 이제 대학생이야!!
NA	**진우**	잠이 많아 매일 지각을 하던 병주는, 합격도 늦게 했다. 대기인원 120명이 빠지다니. 운 좋은 놈.

병주의 소란에 쳐다보는 친구들과 선생님들.

	사회자(E)	다음은 졸업장 수여가 있겠습니다. 졸업생 대표, 오선아. 앞으로.

선아가 대열에서 빠져 단상 위로 올라간다.

이를 대견한 듯 바라보는 진우와 아이들.

NA	**진우**	답안지를 밀려 쓴 선아는... 강원교대에 합격했다. 선아랑 같이 서울에 가겠다고 그렇게 열심히 공부한 건데... 서울은 나만 가게 되어 버렸다.

미술팀 동춘천고 강당 졸업식 세팅안

동춘천고 강당_로케이션

동춘천고 강당_로케이션

동춘천고 졸업식 강당_그래픽

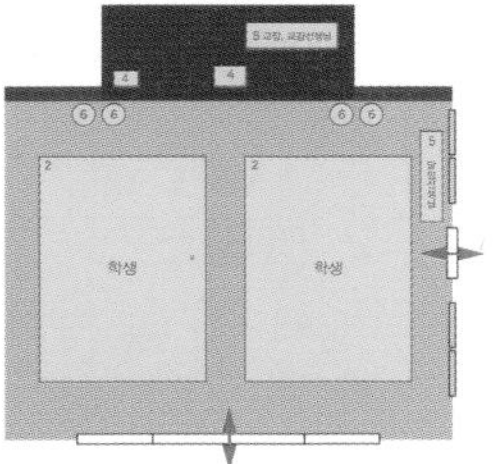

1 ▶ 현수막 부착

2 ▶ 학생의자
수량 확인 필요

3 ▶ 학급 안내 종이 (각 반마다 하나씩 의자에 부착)

3-1

4 ▶ 단상 / 총 2ea (중앙1ea, 사회자1ea)

5 ▶ 선생님의자
수량, 의자종류 확인 필요

6 ▶ 화환 / 4ea

학생임원 일동 / 졸업을 진심으로 축하드립니다
재학생 일동 / 졸업을 축하드립니다
동춘천고등학교장 정성균 / 졸업을 진심으로 축하드립니다
동춘천고등학교 총동창회장 김범석 / 졸업을 축하드립니다

동춘천고 졸업식 강당_그래픽

1 ▶ 띠지, 원형로고 덧방 (양면부착)

2 ▶ 현수막 부착

3 ▶ 거울 덧방

44. 학교, 운동장 / 낮

닥치는 대로 교복에 밀가루를 뿌리고 계란을 던지는 졸업생들.
분필로 서로의 교복 등판에 낙서를 하며 난리법석이다.
누구보다 거칠게 놀고 있는 진우와 친구들 보이고
계단에 앉아 멀리 그 모습을 보는 선아와 지수.

선아 졸업했다는 게 아직 실감이 안 나.

지수 그러게. 우리가 스무 살이라니… 아 나, 10대에 연습생 됐어야 됐는데 진짜.

선아 잘 될 거야. 2차 연락 왔다며!

지수 몰라. 아무튼 학창 시절 내내 인기 짱이었던 오선아 씨, 소감 한 말씀!

선아 내가 무슨….

지수 지나친 겸손은 얄미운 거 알지? 재수 없어.

선아 그냥 다 고마워…. 내가 뭐라고, 미안하기도 하고.

지수 누가 제일 고마워? 누가 (씨익 미소) 고백해 주면 좋겠어? 응?

잠시 머뭇거리더니 지수에게 귓속말하는 선아.
귓말을 듣고 의외라는 표정으로 선아의 어깨를 치는 지수.
그 뒤로, 가장 높은 계단에 앉아 둘을 지켜보는 성빈 보인다.
이때, 밀가루 범벅이 돼서 선아와 지수에게 다가오는 진우, 병주, 동현, 태완.

다함께 얘들아, 졸업 축하한다~!

오선아
윤지수

선아와 지수가 꺄!

비명을 지름과 동시에 아이들이 던지는 밀가루가 반짝이는 가루로 변한다.

반짝이는 꿈가루들이 바람을 타고 오랫동안 흩어진다.

NA	**진우**	꿈을 꾸기만 해도 좋았던 시절에서, 꿈을 이뤄야 하는 시절로 향하고 있었다. 하지만 여전히 우리의 가능성은 무한하다 믿었고, 우리의 꿈 또한 무조건 이루어질 거라 생각했다.

45. 다리 위 / 낮

다리 위를 걷는 진우와 선아.

진우	…그럼 넌 졸업하면 선생님 되는 거네?
선아	응. 그렇지.
진우	그… 교대엔 남자 많아?
선아	음? 몰라.
진우	넌 대학 가서도 공부만 할 거지? 그치?
선아	풉. 아니? 연애도 할 건데?
진우	… (심각) 잠깐만. 그, 팔 좀.
선아	왜?
진우	줘 봐, 빨리.

실제 로케이션 헌팅 자료
실제 로케이션 헌팅 자료

실제 로케이션 헌팅 자료
실제 로케이션 헌팅 자료

진우, 자기 팔에 묶인 두 개의 실 팔찌 중 하나를 뺀다.
선아가 내민 팔에 두르는데, 손가락이 닿을까 떨리고 조심스럽다.

진우 (팔찌 묶으며) 맨날 하고 다녀.

선아 ...왜?

진우 왜냐면... 끊어질 때 소원이 이뤄진대.

선아 (수줍고) 응.

매듭을 완성 짓다 선아의 팔에 닿는 진우의 손가락.
순간, 두 사람의 시선이 짧게 마주친다.
두 손목에 나란히 엮인 실 팔찌가 햇살을 받아 반짝인다.

46. 대학교, 강의실 / 낮

개강 초 활기찬 기운과 봄기운이 한데 어우러진 캠퍼스 전경.
강의실 창문을 너머 카메라 들어서면, 사복을 입은 진우가 강의를 듣고 있다.

NA **진우** 문제아 취급을 받던 내가, 예로부터 유생들이 다닌다는 곳에 합격했다니. 다 선아 덕분이다.

문학 강의를 들으며 노트 귀퉁이에 복싱 펀치 그림을 그려대는 진우.
실 팔찌는 여전하다.

47. 대학 생활 몽타주 / 밤-낮

[강촌, 엠티 펜션]

강촌 커다란 방에 둘러앉은 신입생과 선배들.
국어 국문학과 엠티 카드 아래 한데 어우러져 술을 퍼마신다.
진우, 벌컥벌컥 소맥을 원샷한다.

NA	**진우**	대학을 와서 제일 먼저 배운 건, 세상에 술을 먹이기 위한 게임이 얼마나 많은지… 정말 죽는 줄 알았다.
	일동	신난다, 재미난다, 간다간다 쑝간다! 7!
	용래	와하하하학 구진우 또 걸렸다!
	일동	원샷! 원샷!
NA	**진우**	엠티도 시시했다. 장소는 강촌. 우리집에서 20분 거리였고, 어차피 방 안에서 술만 퍼마실 건데… 왜 거기까지 가는 걸까?

방에서 걸어 나오는 진우의 뒤로, 뒤섞여 잠들어 있는 대학생들 보인다.
펜션 밖으로 나온 진우. 토하는 용래를 발견한다.

진우	(다가가며) 괜찮냐?
용래	(만취) 당빠. 내 술 써다.
진우	뭐라고?
용래	술 써다고. (다시 속 안 좋고) 우엑~

진우 (한 손으로 등 두드려주며) 우리나라에 술씨가 있구나. 신기하네.

진우, 등을 두들겨주며 다른 손으로 단축번호 1번을 길게 눌러 선아에게 전화를 건다.

[강원교대 앞 호프집 / 밤]

강원교대 신입생 환영회 현수막이 붙어 있는 호프집.
왁자지껄한 분위기. 반묶음 머리의 선아가 사람들과 어울리고 있다.
가방 속 핸드폰이 울리지만, 눈치채지 못한다.

[대학교, 강의실 / 아침]

술에 찌든 국문학과 학생들이 강의실에 엎어져 있다.
계단식 강의실 바닥에 누워 있는 용래.

교수님 (들어오며) 학교 소독했냐? 어우 알콜 냄새 봐라.

과대 (죽어가며) 1교시에 전공 쉽은 아닌 거 같습니다. 교수님.

진우, 뒤늦게 뛰어 들어와 자리에 앉으며 바닥에 누운 용래를 발로 쳐 깨운다.
핸드폰이 울린다. 발신자 선아.

교수님 얼씨구. 벨 소리까지.

진우 (얼른 핸드폰 끄는) 죄송합니다!

[강원교대 / 밤]

갑자기 끊어지는 전화에 좋지 않은 표정이 되는 선아.
그때, 뒤에서 부르는 소리.

남자동기 (숙취해소 음료 들고) 선아야!

[대학교, 도서관 / 밤]

진우, 도서 검색용 PC로 선아의 싸이월드를 보고 있다.

용래 (옆에서 기웃) 누구야? 이쁜데?
진우 (가리며) 보지 마 임마.

진우, 선아 바로 옆에 딱 붙어선 남자 동기를 보곤 사진을 확대해 본다.
괜히 사진 옆 신고하기 버튼을 누른다.

[대학 캠퍼스, 잔디밭 / 낮]

국어국문학과 과 잠바를 입은 선배 4명과 신입생들이 둥그렇게 둘러앉았다.
선배들 손을 뻗어 하나씩 잔을 들면 팔에 수놓인 최강 국문!
용래 옆에 앉은 진우, 진동에 몰래 핸드폰 확인하면 발신자 선아.

선배 주도를 읊어봐라.
1학년과대 선배님께 술을 따를 땐 두 손으로! 술병의 라벨은 가리고-

선배 (인상 팍) 라벨?

1학년과대 (얼떨떨) 네?

선배 라벨이 맞아?

1학년과대 어… (진우가 국문과 과잠을 눈짓하면) 아… 술의 이름…을 가리고?

선배 (끄덕)

1학년과대 (안도하고 다시) 선배의 컵에 닿지 않게-

선배 컵?

1학년과대 (당황) 어? 아, (진우가 조용히 '잔' 하면) 잔에 닿지 않도록 띄워서 따른다!

선배 (끄덕) 그렇지. 자, 그럼 (잔 들고 건배 자세) 국문과, 화이팅!

1학년들 (어리둥절) 화…이팅!

진우, 잔을 비우고 그제야 폰을 열어 문자를 확인한다.

"요즘 전화가 안 되네. 바쁜가봐? ——" 발신자 오선아

진우, 씨익- 웃으며 문자를 저장한다.

NA 진우 선아와 학교가 멀어서 자주 만나지는 못했지만, 어떻게든 만날 이유를 만들었다.

진우, 무리에서 빠져나와 전화를 건다.

선아 여보세요?

진우 미안, 내가 수…업 중이었어서. 그래?

미술팀 대학교 잔디밭 세팅안

잔디밭_강원대학교 경영대학 앞_로케이션

잔디밭_강원대학교 경영대학 앞_촬영 스팟

주도 배우는 곳 (그늘)

선아 앉아있는 벤치 3개

막걸리 선배들 자리

※ S#59 체육관에서 나오는 문(장소미정)에 교류 전 포스터 부착

※ 2004 대학 내 세팅용 현수막 2종류 준비하여 위치보고 세팅

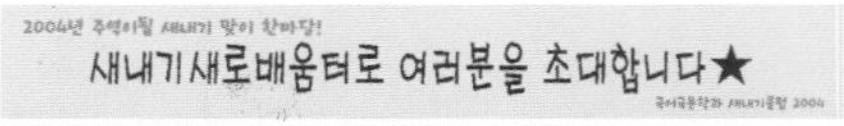

새내기새로배움터로 여러분을 초대합니다★

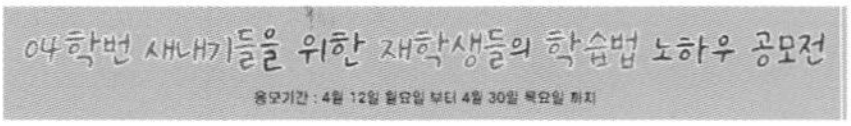

04학번 새내기들을 위한 재학생들의 학습법 노하우 공모전

잔디밭_강원대학교 경영대학 앞_협의사항 및 그래픽

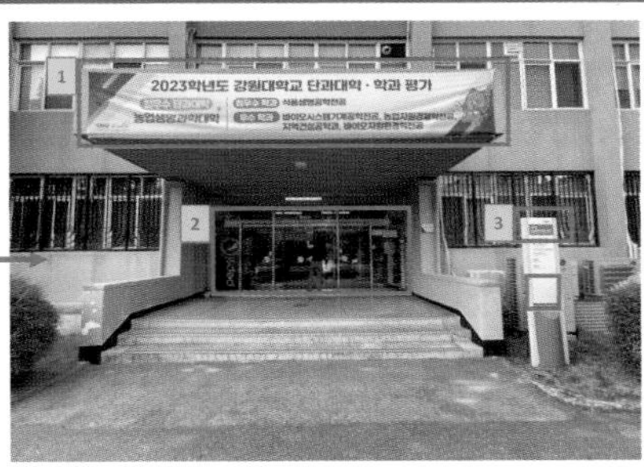

1. 현수막 제거 후 원복 (밤 씬 끝나고 난 후에 해도 되는 지 체크)
2. 강원대 로고 덧방 포스터 부착
3. 강원대 로고 덧방, 원형 로고 부착 (250*250)

3

잔디밭_강원대학교 경영대학 앞_협의사항 및 그래픽

1. 노출 시 미술팀 제작 대학 포스터 부착
2. 노출 시 배너 제거, 실외기 덮기

1 대학 포스터

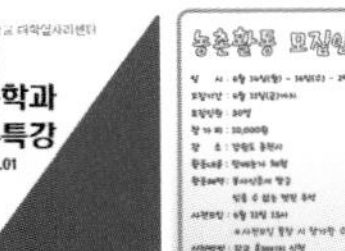

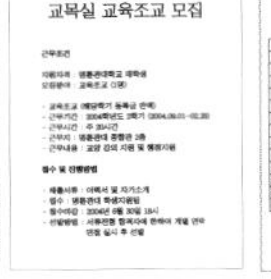

48. 시외버스 정류장 / 낮

초조한 얼굴로 정류장 앞을 서성이는 진우. Y2K 패션으로 빼입고 머리도 멋 부렸다.

'춘천 → 서울'이 표기된 버스 한 대가 들어선다.

조금 긴장한 듯한 진우의 표정. 버스 문이 열리면 내리기 시작하는 사람들.

그 뒤로, 단화에 무릎 위로 올라오는 원피스, 웨이브 진 머리의 선아가 내려온다.

마치 하늘에서 내려오는 선녀처럼.

49. 중국집 / 낮

전통이 느껴지는 중국집 내부. 테이블에 마주 앉은 진우와 선아.

앉자마자 놓이는 자스민티와 메뉴판.

선아	(괜히 아쉽고) 중국집은 춘천에도 많은데.
진우	이유가 있어서 그래.
선아	(메뉴판 보고) 그럼... 난 짬뽕.
진우	짬뽕? 안돼! 오늘은 짜장면 먹는 날이라고.
선아	난 짬뽕 먹고 싶은데.

두 사람 옆으로 짜장면들이 줄지어 지나간다.

주변 돌아보면, 모두 짜장면을 먹고 있다.

선아	근데 진짜 다들 짜장면만 먹네? 여기 짜장면 유명해?
진우	여전하네 오선아. 오늘 블랙데이잖아.

선아 블랙...데이?

진우 2월 14일 발렌타인데이, 3월 14일 화이트데이, 오늘은..!

둘 다 아무것도 못 받은 사람끼리 짜장면 먹는 날.

선아 풉. 그렇게 하나씩 갖다 붙이면 매달 뭐가 있겠다.

진우 있어. 다음 달도.

선아 그래? 뭔데?

진우 블루데이. 그때까지도 못 만난 사람끼리 청산가리 먹고 죽는 날.

선아 (질색) 뭐야~

진우 그리고... 블랙데이 때 같이 짜장면 먹으면 둘이 사귀는-

때마침 두 사람 앞에 짜장면 놓이며 진우의 말이 묻힌다.

"감사합니다~ 와 맛있겠다."

선아, 나무젓가락을 부러뜨리는데 어긋나버린다.

진우가 자신의 나무젓가락을 건네준다. 타이밍을 놓친 진우,

아쉽다가도 오랜만에 보는 선아의 웃음에 덩달아 웃음이 난다.

50. 북촌-삼청동 데이트 / 낮

[한옥 카페]

북촌이 내려다보이는 한옥 카페에 앉아 차를 내리는 선아.
단아한 그 모습에 눈을 떼지 못하던 진우.
선아가 건네는 차를 받아 들지 못하다 고개를 든 선아와 눈이 딱 마주친다.
잠시 몽글한 공기 흐르는데-

사장	(팥빙수 들고 와) 커플세트 시키셨죠?
선아	커플세트?
진우	2인 세트. 2인.
사장	사귄지 얼마나 됐어요?
진우	사귄 건 아직….
사장	아직 얼마 안 됐구나? 한참 좋을 때다. 좋은 시간 보내세요.

사장님이 떠나고, 괜히 어색해지는 분위기.

cut to /

삼청동 둘레길을 걷는 진우와 선아.
봄바람에 흔들리는 나뭇잎 사이 따사로운 햇살이 두 사람을 일렁일렁 비춘다.
느긋하게 속도를 맞춰 걷던 중, 선아가 걸음을 빨리해 조금씩 진우를 앞선다.

선아 (뜸 들이다 혼잣말처럼) 진우야.

나 사실 물건도 잘 잃어버리고, 잠도 되게 많고, 청소도 잘 못해.

멍청한 실수도 잘하고, 수능 답안지도 밀려 썼잖아. 그리고… 요즘 유행하는 것도 잘 모르고….

진우 그게 뭐.

선아 그러니까 내 말은…

니가 좋아하는 나는 상상 속의 존재일 수도 있어.

진우 내 상상력이 그렇게 풍부하진 않아.

선아 (어딘가 안도감에 미소) 잘 생각해 봐. 진짜 날 좋아하는 건지.

진우 (작게) 좋아하는데….

쑥스러운 듯 선아가 속도를 높여 앞서가 버린다.
좁아졌던 두 사람의 거리가 다시 벌어진다.

NA 진우 왜 저런 말을 하지? 고백도 못해보고 차이는 건가?

51. 남산 공원 / 저녁

남산 서울타워 앞. 팔짱을 낀, 손잡은 연인들이 여기저기 보인다.
그 사이에 있는 진우와 선아도 연인처럼 보이는데.
전망대 난간에 매달린 자물쇠들 위에 '소원을 말해봐' 안내판이 붙어 있다.
여러 커플들의 '우리 사랑 영원히', '뽀레버 러브' 자물쇠들을 보는 선아.

진우 우리도 할까?

선아 (괜히) 유치해.

진우 맞아 나 유치해!

cut to /

자물쇠를 앞에 두고 팬 뚜껑을 여는 진우.

진우 뭐라고 쓸 거야?

선아 비밀.

진우 유치해. 너도 옮았네.

선아 아니거든?

진우가 먼저 손으로 가린 채 자물쇠에 무언가를 적는다.
선아, 괜히 궁금해진다.

선아 뭐라 썼어?

진우 비밀.

선아 하. 진짜 유치해.

진우 어떡하냐. 그래도 안 가르쳐줄 건데~

선아, 결국 웃음 터지고. 진우가 쓰던 팬 뚜껑이 바람에 날려 떨어진다.
진우가 굴러가는 뚜껑을 주우려 바닥에 앉은 사이, 진우의 자물쇠를 보게 된 선아.
'선아 내 여자 만들기' 자물쇠에 꽉 차게 적힌 문장에 웃음이 난다.
진우가 뚜껑을 주워 일어난다.

선아 진우야. 내 대답 듣고 싶어?

진우 어? 무슨 대답?

(앞에 둔 자물쇠 보고) 아! 아니! 잠깐만! 말하지 마!

선아 지금 대답해 줄 수 있어.

진우 안 돼. 좀 만 더 생각해봐. 생각해보고 나중에 들을래.

선아 궁금하지 않아?

진우 (선아 쳐다보지도 못하고) …응 아니야.

나 아직… 고백한 거 아니니까 너도 거절하면 안 돼!

진우, 자물쇠를 들고 철조망으로 뛰어간다.

NA 진우 순간, 깨달았다. 좋아하는 여자 앞에선 나도 겁쟁이가 된다는 걸….

수많은 자물쇠가 매달려 있는 철조망 앞에 선 진우,
두 눈을 질끈 감으며 한숨을 푹.

NA 진우 가장 멋진 모습으로 제대로 고백해야 하는데… 마음이 급해졌다.

s# 53-3	D / L	삼청동, 한옥 길	CUT	17
	EXT	데이트를 즐기는 한때 선아가 왜 자기가 좋냐고 물어보지만 당황한 진우는 말을 돌린다	2004.04.14(수)16:00pm	

C#1

진우 선아 WS / 프로필

삼청동 한옥 길을 걷는 진우와 선아.

Follow

C#2

진우 선아 FS

파란 하늘 아래 나무 한옥들, 한옥 기와 사이사이 따사로운 봄 햇살이 천천히 걷는 두 사람을 일렁일렁 비춘다.

C#3

진우 선아 WS / 정면

느긋하게 속도를 맞춰 걷던 중, 선아가 걸음을 빨리해 조금씩 진우를 앞선다.

Follow

C#4

선아 BS / 프로필

선아 (뜸 들이다 혼잣말처럼) 진우야. 넌 내가 좋아?

Follow

C#5

진우 BS / 프로필

진우 (단순하게) 응. 당연한 걸 왜 물어봐.

Follow

s# 53-3	D / L	삼청동, 한옥 길	CUT	17
	EXT	데이트를 즐기는 한때 선아가 왜 자기가 좋냐고 물어보지만 당황한 진우는 말을 돌린다	2004.04.14(수)16:00pm	

C#6

선아 BS / 프로필

선아 (사이) 넌 나를 너무 좋게만 봐주는 거 같아. 난 내가 그렇게 좋은사람 같지 않은데... 오히려 반대면 모를까.

Follow

C#7

진우 BS / 프로필

진우 (그제야) ...왜?

Follow

C#8

진우 OS 선아 WS

선아 나 사실 물건도 잘 잃어버리고, 잠도 되게 많고, 청소도 잘 못해. 멍청한 실수도 잘하고, 수능 답안지도 밀려 썼잖아. 그리고... 요즘 유행하는 것도 잘 모르고...

C#9

선아 OS 진우 WS

진우 그게 뭐.

C#10

선아 BS / 정면

선아 근데도 날 좋아하는 게 신기해서. 사실은 되게 평범한 앤데. 그러니까 내 말은... 니가 좋아하는 나는 상상 속의 존재일 수도 있어.

Follow

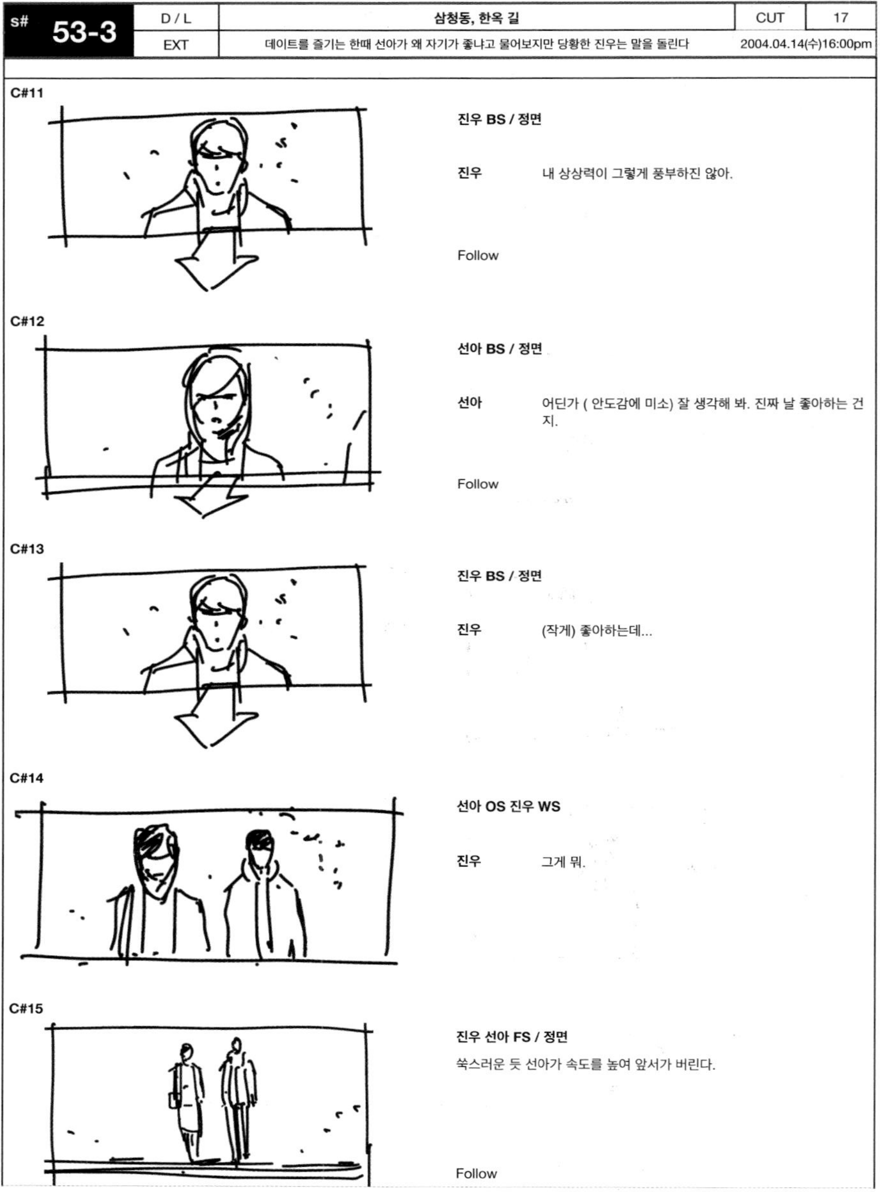

S# 53-3	D / L	삼청동, 한옥 길	CUT	17
	EXT	데이트를 즐기는 한때 선아가 왜 자기가 좋냐고 물어보지만 당황한 진우는 말을 돌린다	2004.04.14(수)16:00pm	

C#11

진우 BS / 정면

진우 내 상상력이 그렇게 풍부하진 않아.

Follow

C#12

선아 BS / 정면

선아 어딘가 (안도감에 미소) 잘 생각해 봐. 진짜 날 좋아하는 건지.

Follow

C#13

진우 BS / 정면

진우 (작게) 좋아하는데...

C#14

선아 OS 진우 WS

진우 그게 뭐.

C#15

진우 선아 FS / 정면

쑥스러운 듯 선아가 속도를 높여 앞서가 버린다.

Follow

s# 53-3	D / L	삼청동, 한옥 길	CUT	17
	EXT	데이트를 즐기는 한때 선아가 왜 자기가 좋냐고 물어보지만 당황한 진우는 말을 돌린다	2004.04.14(수)16:00pm	

C#16

진우 선아 FS / 프로필

좁아졌던 두 사람의 거리가 다시 벌어진다.

진우NA 무슨 뜻이지. 자길 좋아하지 말라는 건가? 고백도 못 해보고 차이는 건가? 순간, 깨달았다. 좋아하는 여자 앞에선 나도 겁쟁이가 된다는 걸.

C#17

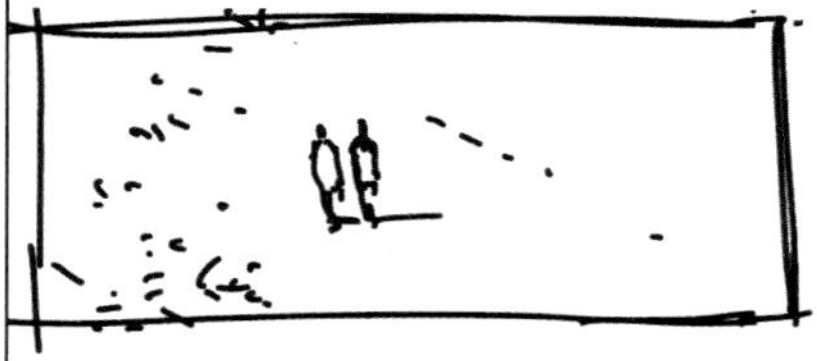

진우 선아 LS

52. 대학교, 과방 / 낮

진우가 하얀 종이 뭉치를 책상에 펼친다.

NA 진우 여전히 철이 들지 않았던 나는… 강한 모습이 곧 멋진 모습이라 생각했다.

검은 붓펜으로 무언가 휘갈겨 쓴다.

53. 대학교, 대자보 게시판 / 낮

컬러풀하고 깔끔하게 프린트된 여타 동호회 대자보 사이,
흑백의 투박한 붓글씨로 쓴 격투기 대자보는 '미녀는 격투길 좋아해', '니들이 격투기 맛을 알아?' 따위고, 사람들이 보고 웃으며 지나간다.

54. 대학교, 실내 체육관 / 낮

표도르 선수 사진이 커다랗게 붙어 있는 체육관.
그 앞에서 파란 싸구려 매트를 깔고 격투기 연습을 하는 진우와 용래.
제대로 된 도복도 없이 트레이닝 차림이지만 세상 진지한 표정의 두 사람.
프라이드 기술로 용래를 무차별 가격하는 진우!
마치 더미 인형으로 연습하는 것 같은데

그러다 몸부림치는 용래의 손이 진우의 얼굴을 퍽! 정통으로 가격하고…

악! 비명을 지르며 얼굴을 감싸 쥐는 진우.

악! 비명을 지르며 손을 감싸 쥐는 용래.

55. 대학교, 실내 체육관 앞 / 낮

팔에 깁스를 한 용래, 그 뒤로 귀가 조금 찢어진 진우가 나온다.

진우 불편해서 어떡하냐.

용래 됐어. (진우 어깨 툭) 우정을 위해 팔 하나쯤이야. 넌 괜찮냐?

진우 사랑을 위해, 귀 하나쯤이야. (핸드폰 보더니) 먼저 가.

용래가 먼저 걸어가고,

진우, 핸드폰을 보면 선아에게 온 부재중 전화다. 답장을 쓴다.

'미안. 치료 받느라 못 받았어.'

보내자마자 울리는 핸드폰.

선아(E) (놀라) 다쳤어? 어딜?

진우 별거 아냐. 애들이랑 격투기 연습하다 살짝 다쳐서.

선아(E) (한숨)

(목소리 가다듬고 진지하게) 선아야. 다음 달에 대회가 있거든?

선아(E) 싸웠다는 거야?

진우	아니~ 격투기는 운동이야, 운동. 스포츠!
선아(E)	왜 그런 위험한 짓을 해? (답답) 너 공부는 안 해?
진우	아니, 그니까… (이게 아닌데) 공부할 체력을 위해서 운동을 하는 건데. 격투기가 제일 강한 운동이거든. 실제로 보면 진짜 멋있어!
선아(E)	(잠시 정적) 진짜. 싸움 같은 거 좀 안하면 안 돼? 됐어. 끊을게.
진우	아니 선아야….

냉정한 목소리로 전화를 끊어버리는 선아. 계획대로 풀리지 않는 듯한 진우.

진우	격투기는 운동인데….

56. 대학교, 실내 체육관 / 밤

종합격투기 대학 교류전 현수막이 걸린 실내 체육관.

NA	진우	선아를 초대했지만 올 거라 확신하진 못했다.

진우가 링 옆에서 몸을 푼다.
뒤에서 한 손으로 진우의 어깨를 주물러주는 용래.
링 너머로 마사지를 받는 상대 보이는데, 비리비리한 멸치 느낌.
체육관에 진우의 이름이 호명되고, 마우스피스를 물고 링에 오르면,
반전으로 멸치를 주물러주던 후배가 '다녀오겠습니다.
선배!' 하고 링에 오른다.

진우와 비슷한 키에 조금 더 큰 덩치는 만만치 않아 보이는 상대.
처음엔 라이트하게 덩치를 건드리던 진우.
몇 번 공격을 당하고 나니 눈빛이 변한다.
두 사람, 온 열정을 다해 싸우는데, 상대의 실력이 한 수 위.

쓰러진 진우의 시야에 사람들 뒤에 서 있는 선아가 보인다.
진우가 괴로운 와중에도 웃어 보이려 얼굴을 찡그린다.
관중들이 소리치며 몰리자 선아가 다시 보이지 않는다.

경기의 승패가 선언되고, 진우가 링 위에서 선아를 찾는데,
선아는 문밖으로 사라지고 있다.

미술팀 복싱 체육관 세팅안

실내 체육관 외부(인천문학체육관)_로케이션

영화속공간	실내체육관
헌팅지	인천문학체육관

세팅계획

1. 로케이션 선수들 얼굴 전부 제거
2. 제작 노란색 현수막 부착
3. 제작 현수막 부착
4. 홍코너 청코너 변경
5. 창문 전부 회색 시트지 바르기(총5ea/태극기 맞은편 대형은 작업자필요)
   1600x2500 2ea / 800x2500 2ea / 10000x2000 1ea
6. 제작 현수막 덧방
7. 제작 현수막 덧방
8. 포스터 부착(거울1500)
9. TV 덧방
10. 로케이션 운동기구 치우기
11. 검정테이프로 로고 가리기

제작부 진행 사항

그래픽(포스터,현수막)탈거
운동기구 자리이동 가능한지 체크
현장 글러브, 테이블, 의자, 세팅용으로 사용 가능한지 체크

체크사항

현수막 위치 현장에서 변경 가능

실내 체육관 내부(인천문학체육관)_로케이션

영화속공간	실내체육관
헌팅지	인천문학체육관

세팅계획

1. 로케이션 선수들 얼굴 전부 제거
2. 제작 노란색 현수막 부착
3. 제작 현수막 부착
4. 홍코너 청코너 변경
5. 창문 전부 회색 시트지 바르기(총5ea/태극기 맞은편 대형은 작업자필요)
   1600x2500 2ea / 800x2500 2ea / 10000x2000 1ea
6. 제작 현수막 덧방
7. 제작 현수막 덧방
8. 포스터 부착(거울1500)
9. TV 덧방
10. 로케이션 운동기구 치우기
11. 검정테이프로 로고 가리기

제작부 진행 사항

의자, 테이블 이동 가능한지
포스터, 사진액자 제거

실내 체육관 내부(인천문학체육관)_로케이션

4. 대학 종합격투기 교류전 현수막 / 6000x900 / 1ea ※ 각재말이 필요

투 대학 종합격투기 교류전 혼
- 일시 : 2004년 5월 20일 -

5. 대학 종합격투기 교류전 현수막 / 9700x865 / 1ea ※ 양면테이프로 고정

디자인컨펌필요

승 리 는 땀 과 눈 물 로 만 들 어 진 다

실내 체육관 내부(인천문학체육관)_로케이션

1. 대학 종합격투기 교류전 현수막 / 3200x3400 / 1ea

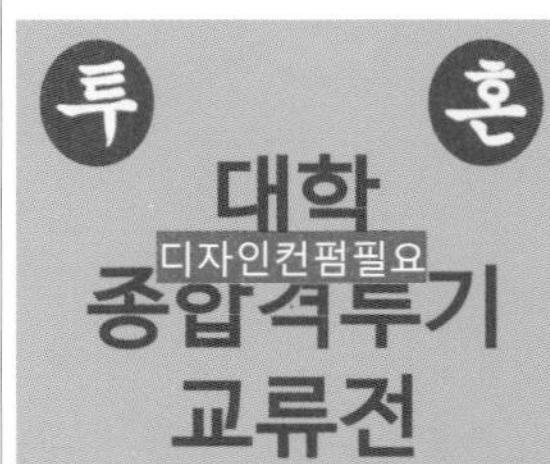

2. 인물 현수막 / 1200x1840 / 2ea

※ 네 귀퉁이 타공필요(현장 피스로 고정)

3. 홍코너 청코너 변경 (진우가 홍코너)

A. 기둥(높이1500x지름150)에 인테리어필름 부착 (윈덱스 이용, 폭10cm씩 잘라서 이어 붙이기)
파란 기둥에 빨간 시트 부착
빨간 기둥에 파란 시트부착

B. 나사 풀러서 위치 변경

57. 대학교, 체육관 앞, 벤치 / 밤

잔뜩 찌푸린 하늘이 어두컴컴하다.

진우가 과 잠바를 걸치며 뛰어나온다.

벤치에 앉아 있던 선아를 발견하고,

진우 선아야! 어땠어? 멋있지?

하… 이겼으면 더 멋있었을 텐데!

선아 (얼굴에 상처들 보이고) 그렇게 위험한 걸 꼭 해야겠어?

진우 위험한 거 하나도 없어. 오히려 한 게임 뛰고 나면 스트레스 풀려!

선아 결국은 누구 하나 쓰러져야 끝나는 쌈박질이잖아.

진우 걱정 마. 안 쓰러져. (근육 자랑) 딱!

선아 유치해 진짜. 제발 철 좀 들어.

진우 그러지 말고 한 게임만 더 봐봐. 이기는 거 보면 생각 달라질걸?

선아 싫어. 나 갈래.

진우 한 번만! 응? 한 번만~ 제발 한 번만!

이때, 근처 벤치에서 술을 마시던 남자 둘. 진우와 선아를 보며 킬킬댄다.

남자1 (우스꽝스럽게 따라 하는) 한 번만~ 한 번마안~

남자2 (콧소리) 아이 싫어 오빠~ 맨날 한 번만이래~

진우, 남자들을 매섭게 노려보면,

남자1	어이. 저 새끼 눈깔 보소.

진우가 가까이 다가가려 하자 팔을 붙드는 선아.

선아	그냥 가자.
진우	(꾹) 너 때문에 참는 거야. (뒤돌아 노려보면)
남자1	(건들건들) 예, 자알 가세요~ 남자분 눈깔 단속도 자알 좀 하시고~
진우	(분노 부르르)
선아	가자.

진우, 이를 악물고 선아의 팔에 이끌려 가는데,

남자2	근데 둘이 어디로 가시나? 혹시... 방 잡으러 가시나?
남자1	어케, 내가 선배니까 여관비 주까?
남자2	븅신. 퇴학 먹은 새끼가 무슨 선배여.
남자1	아 퇴학 아니라고.
남자2	어이 토깽이 아가씨! 멸치한테 만족 못 하면 요기로 다시 와~ 오빠들이 아주 잘 해줄 게.
진우	(폭발) 저 개새끼가!

진우, 선아를 뿌리치고 남자2에게 달려가 주먹을 날린다!
진우가 남자1, 2와 본격적으로 싸우기 시작하자 한심한 표정으로 자리를 뜨는 선아.

58. 혜화 버스정류장 / 밤

진우와 선아가 버스정류장에 서 있다. 진우의 얼굴에 붙은 밴드들 보이고, 말없이 선 두 사람 주변에 서너 명의 사람들 버스를 기다린다.

진우 …놀랐지? 근데 확실히 격투기 하니까 맷집이 생겨서 그런가. 별로 아프지도 않네 하하하.

선아 ….

진우 (괜히 더) 내가 한 명씩 붙었으면 진짜 천만 퍼센트 이기는 거였는데.

진우, 선아의 눈치를 살피며 한 마디 더 이어 붙이려는데, 버스 한 대가 들어오고. 사람들이 두 사람 사이를 가르며 지나가 말을 붙이지 못한다.
버스가 떠나고, 빈 정류장.

선아 …내가 그렇게 부탁했잖아. 그냥 가자고.

진우 걔들이 너한테 그런 말을 하는데, 어떻게 그냥 가냐?
(하늘 보고 괜히) 응? 비오나?

선아 한 번쯤은 내 말 듣고 피해 줄 수 있었잖아!!!

진우 (소리침에 놀라고) 보호하고 싶었으니까. 너 보호해 주고 싶었으니까.

선아 ….

진우 근데 그게 그렇게 잘못한 거야? (말하다 보니 화나고) 니가 이렇게까지 화낼 일이냐고.

선아 이렇게 될 거라는 거 예상 못 했어? 다 커서 쌈박질이나 하고. 언제까지 유치할 거야!

진우　　유치하다고?

선아　　그래! 유치해!

진우　　(답답해 화나고) 넌 왜 내가 하는 걸 다 유치하다고 무시해? 내가 소중하게 여기는 걸 지키려는 게 유치한 거야?

선아　　성인인데! 철없는 행동은 하지 말았어야지!

진우　　그래 나 철없다. 철없어서 이렇게라도 잘 보이려고 했다. (점점 서운함 폭발) 철없고! 유치해서! 혼자 짝사랑이나 했다! 왜!!!

선아　　그럼 그만하면 되겠네.

선아의 말에 눈빛이 변하더니 뒤돌아서는 진우.
쏟아지기 시작한 비를 맞으며 걸어간다.

NA　진우　　머리는 멈추라고 하는데, 몸은 선아와 멀어지고 있었다.

선아　　구진우!

진우　　….

선아　　넌 아무것도 몰라!

NA　진우　　머리는 멈추라고 하는데, 입은 유치한 말을 쏟아내고 있었다.

진우　　그래! 나같이 멍청한 놈이, 잘난 너를 좋아해서 미안했다!

씩씩거리면서도 눈물이 쏟아지는 선아.
눈물을 훔치는 선아의 손바닥이 까져 피가 나 있다.
뒤도 돌아보지 않고 걸어가는 진우.

NA　진우　　그 시절엔 알지 못했다. 여자는 남자보다 빨리 어른이 되고… 남자는 한참 뒤에야 그걸 깨닫는다는 걸.

S# 61	N / L	버스정류장	CUT	35
	EXT	쌈박질이나 하는 진우가 한심한 선아, 서운함이 폭발하는 진우. 싸우고 만다	2004.05.20(목)21:30pm	

C#24

진우 OS 선아 FS

쏟아지기 시작한 비를 맞으며 걸어간다.

C#25

선아 OS 진우 WS

C#26

선아 BS

선아 뒤돌아 진우를 바라본다

선아 (뒤돌아보며) 바보야!

C#27

진우 OS 선아 KS

진우 그래, 나 바보다!

C#28

선아 TBS / 측면

선아 이렇게 가면 진짜 끝이야!

S# 61	N / L	버스정류장	CUT	35
	EXT	씸박질이나 하는 진우가 한심한 선아, 서운함이 폭발하는 진우. 싸우고 만다	2004.05.20(목)21:30pm	

C#29

진우 TBS / 측면

진우 그래 끝이다 끝!

C#30

선아 TBS / 측면

선아 구진우!

C#31

진우 TBS / 측면

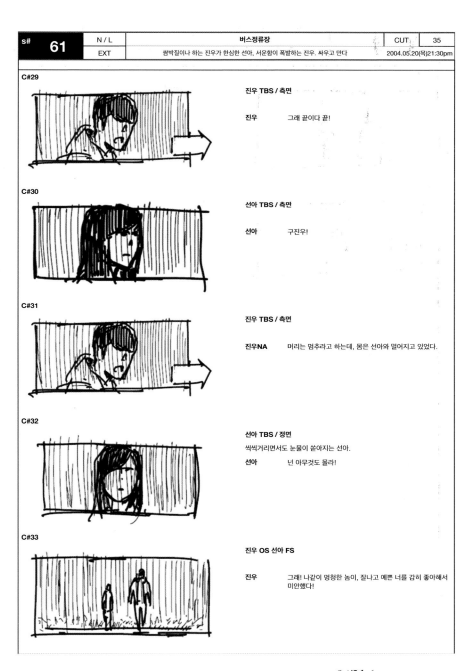

진우NA 머리는 멈추라고 하는데, 몸은 선아와 멀어지고 있었다.

C#32

선아 TBS / 정면

씩씩거리면서도 눈물이 쏟아지는 선아.

선아 넌 아무것도 몰라!

C#33

진우 OS 선아 FS

진우 그래! 나같이 멍청한 놈이, 잘나고 예쁜 너를 감히 좋아해서 미안했다!

S# 61	N / L	버스정류장	CUT	35
	EXT	쌈박질이나 하는 진우가 한심한 선아, 서운함이 폭발하는 진우. 싸우고 만다	2004.05.20(목)21:30pm	

C#34

선아 OS 진우 FS

멀어져가는 진우

C#35

진우 FS

뒤도 돌아보지 않고 걸어가는 진우.

진우 그 시절엔 알지 못했다. 여자는 남자보다 빨리 어른이 되고… 남자는 한참 뒤에야 그걸 깨닫는다는 걸.

59. 친구들 몽타주 / 낮

핸드폰을 든 성빈, 병주, 태완, 동현. 분할된 화면에서 동시에 놀란다.

동현 여보세요. (식판에 밥 쌓으며) 대판 싸웠다고?

병주 (만화방 카운터 의자에서 눈 뜨며) 화해할 생각도 없대?

태완 (글잼 만들며) 완전 끝이라는 거네?

성빈 (법전 앞에 두고) 그럼 이럴 때가 아니잖아.

일동 위로해 줘야지!

학식당에서 나와 달리기 시작하는 동현.
자전거를 타고 도심을 달리는 병주.
스쿠터 뒤에 캐리어를 묶고 질주하는 태완.

NA **진우** 친구들은 그 길로, 슬픔에 잠겨 있는 나…를 제쳐두고 선아에게 달려갔다.

60. 강원교대 앞 / 해 질 녘

선아가 친구와 함께 교문을 빠져나온다.
선아를 보고 차에서 내리는 성빈.

NA **진우** 그리고… 성빈이의 벤츠가 가장 빨랐다. 재수 없는 새끼.

61. 술집 / 밤

어깨를 축 늘어뜨리고 있는 진우 앞으로 캐리어를 놓고 앉는 태완.

NA	**진우**	김포공항까지 왔다 선아를 만나지 못한 태완이는, 그냥 제주도로 돌아가기 아쉬웠는지 나를 찾아왔다.
	태완	연락한 사람이 나밖에, 오직 나 하나밖에 없단 말야? 와… 진짜 이건 아니지. 불알 떼라고 그래! 배신자들.
	진우	다들 바쁜가 보지.
	태완	그래도 내가 너 위로해 주려고 비행기 타고 날라 왔잖아. 너 나 같은 친구 너 없어…. 자, 한잔해!
NA	**진우**	쪽제비 같은 놈. 그때 알아봤어야 했는데.

62. 성빈의 차 안 / 저녁

벤츠를 운전 중인 성빈.

옆을 보면 조수석에 앉은 선아가 멍하니 창밖을 보고 있다.

63. 준코 노래방 / 밤

꽤나 취한 진우와 태완. 버즈의 노래 '가시'를 열창하는 태완.

"그으대 기억이~ 지이난 사랑이~ 내 안을 파고드는 가시가 되어~"

노래 가사가 진우의 가슴에 와 박힌다.

진우, 태완이의 마이크를 뺏으려다 되지 않자 입을 막아 버린다.

64. 북한강 / 밤

강변 벤치에 앉은 선아와 성빈.

선아, 강물을 멍하니 보고 있다.

성빈	자연을 보면 마음이 좀 편해진대.
선아	고마워. 역시 친구가 좋네.
성빈	선아야. 진우랑 너... 너네 이러다 다시 화해할 수도 있겠지. 근데 그럼 나는 평생 후회할 거 같더라.
선아	(당황) 갑자기 무슨 말이야?
성빈	(결심) 미안하지만 나는 이 기회를 놓칠 수가 없었어.

당황한 선아와 성빈 사이에 어색한 긴장감이 흐른다.

성빈, 주머니에서 무언가를 꺼낸다.

네잎클로버가 담긴 키링을 선아에게 건넨다.

65. 포장마차 / 밤

그 시각, 거나하게 취한 진우와 태완.

태완 (만취로 당당해지고) 그러니까~ 니가 백! 퍼! 잘못한 거네!

진우 너 같으면 참았겠냐?

태완 무조건 참지! 그 상황이면 여자가 싸우라고 등 떠밀어도 도망갔지.

하는데, 옆 테이블에서 울리는 16화음 핸드폰 벨소리 '버즈'의 가시.

태완 (자기도 모르게) 그으대 기억이~ 지이난 사랑이~

진우 (태완 입 막으며) 부르지 말라고 했다.

태완, 진우를 피하다 뒷테이블의 덩치 예비군을 쳐버린다.

덩치 예비군 (통화하며) 어. (슥- 뒤돌아 쳐다보면) 그 근처긴 한데. 빨리 와.

태완 (뒤돌아) 죄송함돠. (화난 진우 보고는 눈치) 알았어 그만할게.

그때, 포차 안으로 들어오는 조끼 차림의 나이트 직원.

민경운 형님누나들~ 요 옆에 좋은 데가 있어서 (테이블마다 명함 나눠 주며) 오시면 잘 해드릴게!

진우의 테이블에 놓인 명함엔 '민경운'이 적혔고, 뒤돌아선 조끼 등판에 적힌 '민경운'도 눈에 띄는데, 하필 또 울리는 벨소리 '버즈'의 가시.

민경운 오케이. 내 노래. 서비스로 노래 한 곡 뽑고 갑니다.

(심취해서) 가시가 되어~ 제발 가라고~ 아주 가라고~

태완 형, 형, 아니야. 아니야! 부르지 마!

태완, 민경운을 말리려 일어나다 비틀! 덩치 예비군의 팔을 또 쳐버린다.
덩치 예비군의 폴더폰이 바닥으로 털썩! 떨어지고.

덩치 예비군 (자리에서 일어나며) 아씨.

덩치 예비군, 태완의 멱살을 잡아 밀쳐버린다.
진우와 태완, 덩치 예비군과 마른 예비군,
옆 테이블까지 소란이 번져 한바탕 개싸움.
그 가운데서 눈을 감고 두성으로 가시를 열창하는 민경운.
나가떨어져 앉아 난장판을 지켜보는 진우의 얼굴에서,

NA **진우** 아빠는… 이럴 때 다들 가는 곳이 있다고 했다.

조교(E) 대가리 박아!

66. 논산 훈련소, 생활관 복도 / 낮

전투복을 입고 엎드려뻗친 훈련병들 사이에 빡빡머리 진우 보인다.

조교 기상!

진우와 훈련생들 일어나 선다.

조교 다시, 차렷, 경례!

훈련생들 (손들며) 충! 성!

조교, 훈련생들 사이로 거수경례 자세를 잡아주다가
진우의 손목에 얼핏 보이는 팔찌를 발견한다.

조교 이 새끼가! 빠져가지고, 군인이 팔찌 차게 돼 있나!

조교, 진우의 팔찌를 당겨 버린다. 툭, 너무나 쉽게 끊어지는 팔찌.

조교 엎드려! 하나에 내려가면서 정신, 둘에 올라오면서 통일. 하나!

훈련생들 (내려가며) 정신!

조교 둘!

훈련생들 (올라오며) 통일!

기합을 받는 진우의 얼굴에 순간 눈물이 핑 돈다.

NA **진우** 내 청춘의 동력이 사라졌다. 선아가 사라졌다.

67. 훈련소 / 낮

[연병장 / 낮]

진우, 연병장을 돌며 구보를 뛴다. 땀이 비 오듯 흐른다.

[레펠 훈련장 / 낮]

레펠 훈련을 앞둔 진우. 11미터 밑을 보자 아찔한데.

교관	전방 바라봅니다! 여자 친구 있습니까?
진우	없습니다!
교관	그럼 제일 생각나는 사람 이름을 호명하며 뛰어내립니다. 하강!
진우	안성빈 개새끼야!!!

68. 춘천 카페 / 낮

성빈의 얼굴 화면 가득 담긴다.

캔모아 카페 창가 자리에 앉은 선아와 성빈.

성빈	서울에 있는 교대로 편입하는 건 어때? 나 사실 너 수능 망쳐서 좀 아쉬웠거든. 너도 서울 올라오고 싶어 하는 거 같고.
선아	그렇긴 한데… 편입까지는 좀.

성빈 (답답) 나는 네가 강원도 말고 서울에서 임용을 받았으면 좋겠어서 그래….

불편한 표정의 선아, 성빈의 말이 귀에 들리지 않는다.
대신 건너편 테이블에서 아까부터 싸우는 커플에게 시선이 간다.

곰신여친 편지에 답장도 없고….

군인 편지 그만 보내. 고무신도 그만 해. 그냥 나 잊어.

곰신여친 건아… 제발!

군복을 입은 남자, 벌떡 일어나더니 카페 문을 박차고 나가고,
이어서 여자가 따라 나간다.
유리창 밖으로 달려가 남자를 잡는 여자 보이고…
잠시 뒤 미안한 듯 여자를 향해 돌아서는 남자, 두 사람 포옹하며 화해한다.
군모를 벗자 남자의 빡빡머리 드러나고…
그 모습에서 과거의 진우가 떠오르는 선아.

[과거 추억 몽타주]

빡빡머리로 나타났던 진우의 모습.
비 오는 버스정류장의 추억.
'대단한 사람이 될 거라' 말하는 진우의 표정.

성빈의 목소리 다시 들리면,

성빈 뭐 지금이야 별문제 없을 수도 있지만 나중에 네가 사랑하는 사람이 생기고 결혼을 하게 되면 둘 중에 하나는 일을 못 하게 될 수도 있잖아.

선아 (불쑥) …성빈아. 넌 어떤 사람이 되고 싶어?

성빈 나? 나야 변호사지.

선아 그건 직업이잖아. 직업 말고 꿈.

성빈 (잠시 생각) 직업이 곧 꿈 아닌가?

선아, 성빈의 말을 듣고도 한동안 답이 없다.
선아의 시선을 따라가 보면 군복을 입은 남자 보이고. 성빈의 표정이 묘해진다.

69. 수해 지역 / 낮

끼기긱… 콰광! 강풍에 위태롭게 흔들리고 부딪히는 대문(간판).
대낮인데도 시커멓게 먹구름이 낀 하늘에서 폭우가 쏟아지고 있다.
비를 맞으며 수해복구 중인 군인들. 진우도 쏟아져 내린 흙을 삽으로 퍼내고 있다.

60트럭 안, 라디오에서 들리는 뉴스 속보, 격앙된 앵커의 목소리.

앵커(E) …4호 태풍 '나비'가 오키나와를 지나 북상하면서 강원지역에 시간당 200밀리의 폭우를 뿌리고 있어 피해가 이어지고 있습니다. 이번 태풍은 최대 시간풍속 47.3M로 강한 바람과 폭우를 함께 동반하여 피해규모가 더욱 클 것으로 예상됩니다. 태풍의 우측 위험 반원에 놓인 강원, 영동지역은 재해 위험지구로 지정되어 특별 재난 관리소가 차려졌습니다. 이 외에도 각 지자체에서는 산사태 및 침수 우려 지역 주민들에게 위험을 알리고 즉시 마을회관이나 안전한 곳으로 대피하도록 당부했습니다.

조수석에 앉아 과자를 까먹던 소대장이 창문을 열어 외친다.

소대장 3소대, 10분간 휴식!

일동 10분간 휴식!

천막 아래서 비를 피하며 휴식을 취하는 군인들.

진우, 폭우가 쏟아지는 하늘을 걱정스레 쳐다본다.

군인1 (다가오며) 몇 분 쉰다고?

군인2 10분 준대.

진우 (중얼) 10분….

진우, 갑자기 뭔가 생각난 듯 빗속으로 뛰어간다.

cut to / 60트럭

진우, 소대장이 앉아 있는 60트럭으로 가 조수석 창문을 두드린다.

지잉- 창문 내려오고,

진우	일병 구 진 우! 소대장님 부탁이 있습니다. 지금 저희 고향에도 수해가 심각하다고 합니다.
소대장	근데?
진우	죄송하지만 고향에 전화 한 통만 할 수 있도록 부탁드립니다! 무사한지만 확인하면 됩니다. 3분, 아니 1분이면 됩니다.
소대장	(살짝 걱정) 부모님이야?
진우	…아닙니다. 친굽니다.
소대장	(분노) 뭐? 이 새키가 빠져가지고! 엎드려 뻗쳐.
진우	엎드려 뻗쳐!
소대장	구진우 미쳤어?

수해지역 세팅 이미지

수해지역 세팅 이미지

수해지역 세팅 이미지

수해지역 세팅 이미지

70. 부대, 공중전화기 / 밤

진흙 범벅에 씻지도 못한 채 공중전화에 달려가는 진우. 하지만 대기 줄이 너무나 길다.

점호시간에 가까운 터라 상병과 병장들만 남아 전화 순서를 기다리는데, 그사이에 들어온 일병 진우에게 시선이 쏠린다.

방송(E) 점호 10분 전!

줄에 서 있던 사람들이 하나둘 포기하고 가버리면, 급히 수화기를 집어 번호를 누르는 진우인데-

소대장(E) 구진우!

71. 부대, 막사 뒤 공터 / 밤

인적 드문 공터. 앞장서 걷다 갑자기 멈추는 소대장.

소대장 (핸드폰 건네며) 받아.

진우 (놀람) 네?

소대장 3분 준다.

진우 네! 감사합니다!

소대장, 자리를 피해 준다.

72. 춘천 체육관 (이재민 대피소) - 부대, 막사 뒤 공터 / 밤

멀리 구급차 사이렌 소리가 들리는 춘천 체육관.

체육관 바닥에 돗자리를 펴고 비가 그치길 기다리는 주민들.

그 속에 선아도 가족과 함께 앉아 있다.

중학생쯤으로 보이는 남동생의 손을 잡은 선아.

이때 선아의 핸드폰이 울린다.

선아 여보세요?

진우 (다급한) 선아야!

선아 ...진우?

진우 너 어디야? 괜찮아? 집은 안 잠겼어? 다친 데는 없고?

선아 숨넘어가겠다. 천천히 말해.

진우 괜찮은 거지?

선아 아주 괜찮진 않지만... (일어나며) 가족들은 다 무사하니까.

진우 다행이다. 여튼 무사하다니까... 이제 끊을게.

선아 (다급히) 고마워! ...신경 써줘서.

진우 이 정도야 뭐. 그리고 니가 사라지면 내 추억도 사라지니까.

선아, 비가 그친 밖으로 나온다.

선아	(미소) 말은 잘한다니까. 휴가 나와서 연락 한 번 안 해놓고.
진우	성빈이 만나는데 방해 될까 봐 그랬지….
선아	방해? 친구끼리 무슨 방해
진우	…둘이 사귀는 거 아니었어?
선아	사귄 적 없는데?
진우	진짜?
선아	응. 누가 그래?
진우	그럼 다른 사귀는 사람은?
선아	신경 끄셔.

두 사람 사이, 잠깐의 정적이 흐른다.

진우	(괜히) 성빈이랑 잘해보지 그랬어. 잘난 놈인데. 왜?
선아	글쎄… 성빈인 날 좋아한 거 같지 않아.
진우	뭔 소리야. 걔도 너 얼마나 좋아했는데!
선아	글쎄… 성빈이가 좋아하는 오선아는 나랑 좀 다른 것 같더라. 이제 와서 이런 말 하는 거 우습지만, 날 있는 그대로 좋아해 준 사람은 너밖에 없었던 것 같아, 구진우.
진우	…그렇게 잘 알면서 나 왜 안 받아줬냐?
선아	그냥… 겁이 났어. 사람들이 그러더라. 막상 사귀고 나면 설레던 감정이 사라져 버린대. 연애의 시작이 설렘의 끝이라고…. 아마 난… 네가 좀 더 오래 날 좋아하게 하고 싶었나 봐.

진우　　못됐다. 못됐어.

선아　　근데 너도 마찬가지 아니었어?

진우　　내가 뭐!

선아　　그날 남산에서... 내가 대답할 기회 왜 안 준 거야?

진우　　거절당할 것 같아서.

그래서 널 좋아하는 것조차 못 하게 될까 봐, 겁이 났어....

진우　　우린 둘 다 겁쟁이들이었네.

수화기를 든 채 한동안 말이 없는 두 사람.

선아　　진우야. 나 좋아해 줘서 고마웠어.

진우　　나도....

하는데 뚝 끊어지는 전화. 선아의 핸드폰 배터리가 방전이다.

진우, 끊어진 전화기를 닫고 하늘을 올려다본다.

NA　진우　　나도... 널 좋아했던 그 시절의 내가 좋아.

서로 다른 공간에서 같은 달을 보는 두 사람. 귀뚜라미가 울기 시작한다.

전화기를 받는 선아의 손목에 낡아 헤진 소원 팔찌가 감겨 있다.

소원 팔찌가 달빛을 받아 빛난다.

군복을 입은 진우도 달빛을 받아 빛난다.

s# 75-1 75-2	N / L EXT	춘천 체육관(이재민 대피소) / 부대, 막사 뒤 공터 통화) 대피해 있는 선아, 진우에게 온 전화를 받는다. 선아의 안부를 묻고, 선아도 연락없던 진우에게 아쉬움을 내비친다. 서로의 마음이 정리되는듯하다	CUT 2005.07.10(일)18:20pm	40

C#5

선아 BS

선아 여보세요?

C#6

진우 BS

진우 (다급한) 선아야!

C#7

선아 BS

선아 ...진우?

C#8

진우 BS

진우 너 어디야? 괜찮아? 집은 안 잠겼어? 다친 데는 없고?

C#9

선아 BS

선아 숨넘어가겠다. 천천히 말해.

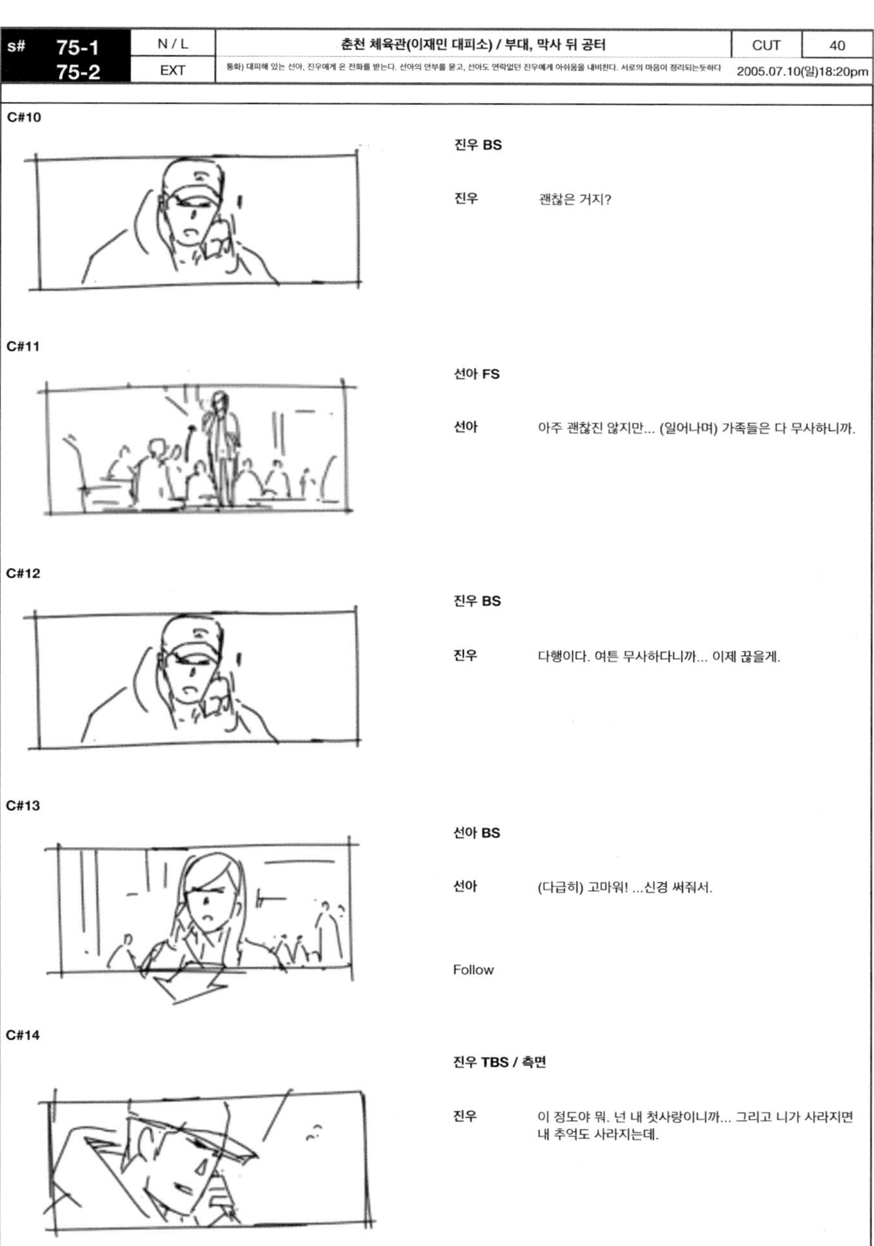

s# 75-1	N / L	춘천 체육관(이재민 대피소) / 부대, 막사 뒤 공터	CUT	40
75-2	EXT	통화) 대피해 있는 선아, 진우에게 온 전화를 받는다. 선아의 안부를 묻고, 선아도 연락없던 진우에게 아쉬움을 내비친다. 서로의 마음이 정리되는듯하다	2005.07.10(일)18:20pm	

C#10

진우 BS

진우 괜찮은 거지?

C#11

선아 FS

선아 아주 괜찮진 않지만... (일어나며) 가족들은 다 무사하니까.

C#12

진우 BS

진우 다행이다. 여튼 무사하다니까... 이제 끊을게.

C#13

선아 BS

선아 (다급히) 고마워! ...신경 써줘서.

Follow

C#14

진우 TBS / 측면

진우 이 정도야 뭐. 넌 내 첫사랑이니까... 그리고 니가 사라지면 내 추억도 사라지는데.

s# 75-1 75-2	N / L	춘천 체육관(이재민 대피소) / 부대, 막사 뒤 공터	CUT	40
	EXT	통화) 대피해 있는 선아, 진우에게 온 전화를 받는다. 선아의 안부를 묻고, 선아도 연락없던 진우에게 아쉬움을 내비친다. 서로의 마음이 정리되는듯하다	2005.07.10(일)18:20pm	

C#15

선아 BS

선아, 비가 그친 밖으로 나온다.

선아 (미소) 말은 잘한다니까. 휴가 나와서 연락 한 번 안 해놓고.

follow

C#16

진우 BS

진우 성빈이 만나는데 방해될까 봐 그랬지.

C#17

선아 FS

빗물에 반사된 선아

선아 방해? 친구끼리 무슨 방해

C#18

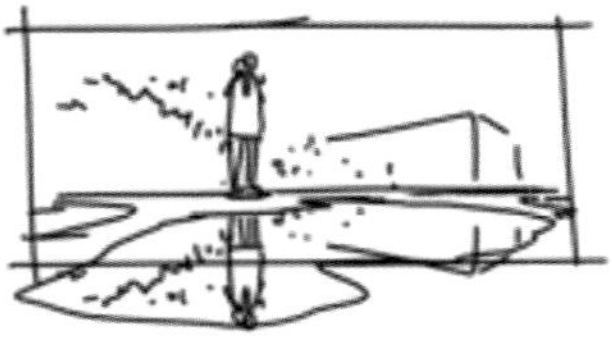

진우 FS

진우 ... 둘이 사귀는 거 아니었어?

C#19

선아 BS

선아 사귄 적 없는데?

s#	75-1 75-2	N / L	춘천 체육관(이재민 대피소) / 부대, 막사 뒤 공터	CUT	40
		EXT	통화) 대피해 있는 선아, 진우에게 온 전화를 받는다. 선아의 안부를 묻고, 선아도 연락없던 진우에게 아쉬움을 내비친다. 서로의 마음이 정리되는듯하다	2005.07.10(일)18:20pm	

C#20

진우 CU / 측면

진우 (괜히) 성빈이랑 잘해보지 그랬어. 잘난 놈인데. 왜?

C#21

선아 CU / 측면

선아 글쎄... 성빈인 날 좋아한 거 같지 않아.

C#22

진우 CU / 측면

진우 뭔 소리야. 그 새끼도 너 얼마나 좋아했는데!

C#23

선아 CU / 측면

선아 글쎄... 성빈이가 좋아하는 오선아는 나랑 좀 다른 것 같더라.이제 와서 이런 말 하는 거 우습지만, 날 있는 그대로 좋아해 준 사람은 너 밖에 없었던 것 같아, 구진우.

C#24

진우 CU / 측면

진우 ... 그렇게 잘 알면서 나 왜 안 받아줬냐?

s# 75-1 75-2	N / L EXT	춘천 체육관(이재민 대피소) / 부대, 막사 뒤 공터 통화) 대피해 있는 선아, 진우에게 온 전화를 받는다. 선아의 안부를 묻고, 선아도 연락없던 진우에게 아쉬움을 내비친다. 서로의 마음이 정리되는듯하다	CUT 40 2005.07.10(일)18:20pm

C#25

선아 CU / 측면

선아 그냥... 겁이 났어. 사람들이 그러더라. 막상 사귀고 나면 설레던 감정이 사라져 버린대. 연애의 시작이 설렘의 끝이라고... 아마 난... 네가 좀 더 오래 날 좋아하게 하고 싶었나 봐.

C#26

진우 CU / 측면

진우 못됐다. 못됐어.

C#27

선아 CU / 측면

선아 근데 너도 마찬가지 아니었어?

C#28

진우 CU / 측면

진우 내가 뭐!

C#29

선아 CU

선아 그날 공원에서... 내가 대답할 기회 왜 안 준 거야?

s# 75-1 75-2	N / L EXT	춘천 체육관(이재민 대피소) / 부대, 막사 뒤 공터 통화) 대피해 있는 선아, 진우에게 온 전화를 받는다. 선아의 안부를 묻고, 선아도 연락없던 진우에게 아쉬움을 내비친다. 서로의 마음이 정리되는듯하다	CUT 2005.07.10(일)18:20pm	40

C#30

진우 CU

진우 거절당할까 봐. 그래서 널 좋아하는 것조차 못하게 될까 봐. 나도 겁이 났어...

C#31

선아 CU

선아 우린 둘 다 겁쟁이들이었네.

C#32-1

진우 선아 BS

수화기를 든 채 한동안 말이 없는 두 사람.

C#32-2

진우 선아 BS

C#32-3

진우 선아 BS

s# 75-1	N / L	춘천 체육관(이재민 대피소) / 부대, 막사 뒤 공터	CUT	40
75-2	EXT	통화) 대피해 있는 선아, 진우에게 온 전화를 받는다. 선아의 안부를 묻고, 선아도 연락없던 진우에게 아쉬움을 내비친다. 서로의 마음이 정리되는듯하다	2005.07.10(일)18:20pm	

C#32-4

진우 선아 BS

선아 진우야. 나 좋아해 줘서 고마웠어.

C#32-5

진우 BS

진우 나도...

C#33

선아 BS

하는데 뚝 끊어지는 전화.

C#34

선아 핸드폰 INS

선아의 핸드폰 배터리가 방전이다.

C#35

진우 BS

진우, 끊어진 전화기를 닫고 하늘을 올려다 본다.

s# 75-1	N / L	춘천 체육관(이재민 대피소) / 부대, 막사 뒤 공터	CUT	40
75-2	EXT	통화) 대피해 있는 선아, 진우에게 온 전화를 받는다. 선아의 안부를 묻고, 선아도 연락없던 진우에게 아쉬움을 내비친다. 서로의 마음이 정리되는듯하다	2005.07.10(일)18:20pm	

C#36

진우 OS 달

반짝이는 달

C#37

진우 CU

달을 바라보는 진우

진우NA 나도... 널 좋아했던 그 시절의 내가 좋아.

C#38

선아 BS

서로 다른 공간에서 같은 달을 보는 두 사람. 귀뚜라미가 울기 시작한다.

C#39-1

선아 핸드폰 INS

달을 바라보는 선아

붐다운

C#39-2

선아 손 INS

전화기를 받는 선아의 손목에 낡아 헤진 소원 팔찌가 감겨있다. 소원 팔찌가 달빛을 받아 빛난다.

이재민 대피소 세팅 완료 이미지

이재민 대피소 세팅 완료 이미지

이재민 대피소 세팅 완료 이미지

이재민 대피소 세팅 완료 이미지

73. 어른 몽타주, 낮-밤

[대학교, 도서관 / 낮]

책장 사이에서 책을 꺼내는 진우.

NA **진우** 제대 후 시간은 빠르게 흘렀다. 대부분은 취업 준비로 바빴지만….

토익, 한국어 시험 등등 취업 공부하는 학생들 사이 다른 책을 보는 진우.
다가가 보면 격투기 동작이 그려진 책을 보고 있다.

NA **진우** 여전히 꿈을 꾸는 사람도 있었다.

카메라, 책장을 넘어서면-

[가구 매장, 침대 섹션 / 낮]

침대에 누워 있는 신혼부부. 그 옆으로 잠든 병주의 모습.

여자신혼 (속닥) 오빠 이거 진짜 좋다.
남자신혼 (납득) 이걸로 살까 자기야?
여자신혼 응.
남자신혼 이거 얼마예요…?
NA **진우** 병주는 특기를 살려 가구 회사에 취직했다.

신혼부부가 병주를 흔들어 깨우지만 일어나질 않는다. 거친 흔들림에도 편안한 병주의 표정.

NA **진우** 이유는 모르겠지만, 이달의 판매왕이 됐다.

카메라, 가구 매장의 부엌 조리대로 이동하면-

[제주 바닷가 식당 / 낮]

조리대 위. 문어가 기어가다 태완의 손에 잡힌다.
통 문어가 올라간 먹음직스러운 라면이 그릇에 담기고.

NA **진우** 제주대에서 CC 한 번 못해본 태완이는, 학창 시절 그녀와 애월에서 꿈을 이뤘다.

태완이 고개를 들면 잡지 속 그녀, 미나가 서 있다.

미나 요리는 안 하고 나만 볼 거야?

태완 아이, 이뻐 죽겄어, 아주!

미나가 음식을 가지고 나가면 창문 너머 시원한 바다가 보이는 홀.
태완의 시선이 식당 TV로 가면, 성빈이 나오고 있다.

[법무부, 청사 앞 / 낮]

법복을 입고 사진을 찍는 신임 검사들.

	앵커(E)	법무부는 오늘 1일 신임 검사 19명을 신규 임용한다고 밝혔습니다. 법무부 장관은 신임 검사 임관식에서 "국민을 위해 정의와 상식에 맞게 최선을 다해 달라"고 당부했습니다.
NA	진우	곧 검사들의 세상이 올거란 아버지의 말을 듣고 성빈이는 변호사가 아닌 검사가 되는 걸 선택했다…. 하여간 끝까지 재수 없는 놈.

성빈이 법복에 임용장을 든 채 셀카를 찍는다. 성빈이 든 핸드폰 카메라에서-

[음방 대기실]

모니터 속 걸그룹 동영상을 촬영 중인 카메라.
분장 스텝이 들고 있던 카메라를 거두면 모니터 앞에 앉은 동현이 보인다.

	동현	(핫도그 씹으며 무전기에다) 컷 컷. 다시 갈게요. 안무쌤 여기 좀 다시 봐줘야겠다. 아 삘! 니들이 삘을 모르는구나?
NA	진우	동현이는 K-POP 산업에 뛰어들어 덕업일치를 이뤘다.

춤꾼 의상의 지수가 동현의 옆을 지나쳐 걸그룹에게 다가간다.

NA	진우	학교 옥상에서 특훈을 받던 지수는 안무가가 됐다.

	지수	얘들아~ 다시 한 번 맞춰보자. 지금 너무 좋아. 좋은데 삘이 없다고, 삘이. 레모네이드의 상큼한, 톡 쏘는 맛이 없다고. 그렇지!
NA	**진우**	걸그룹이 꿈이었지만, 그와 가까운 곳에서 행복을 이뤘다.
	지수	(동현 보며) 어때, 이런 삘?
	동현	(지수 보며 엄지척)

74. 대단한 회사, 건물 앞 / 낮

3층짜리 작은 건물 간판에 '대단한 회사'라 적혀 있다.
건물 안으로 당당하게 들어가는 진우의 뒷모습.

NA	**진우**	나? 나는 대단한 사람이 됐…는지 모르겠지만, 대단한 회사를 차렸다.

75. 회사 안 / 낮

외관보다 더 좁은 사무실 안. 보조 작가가 열심히 웹툰 채색 작업 중이다.
책상엔 먹고 난 도시락 쓰레기, 커피 컵 등이 수북하다.

NA	**진우**	사람들이 내 웹툰이 너무너무 유치하다고 악플을 달면서 조회 수를 올려 주는 바람에… 고맙게도 나는 인기 작가가 되었다.

진우, 책상에 앉아 연재된 웹툰 "격투기 대마왕"의 댓글을 본다.
'초딩이나 볼 쓰레기' 악플에 비추천이 점점 늘어난다.

cut to / 진우네 춘천 집

경호와 승희가 컴퓨터와 노트북을 펼치고 나란히 앉아,
열심히 진우의 웹툰에 댓글을 단다.
악플에 비추를 누르고, 별 다섯 체크, 댓글 작성.
'월요일만 개 같이 기다립니다. 작가님 사랑해요'

그러는 사이 새 댓글이 띠링띠링 달린다.
'처음엔 유치했는데 욕하면서 보다가 감동받음 ㅠ 아 자존심 상해'
'나도 비밀인데 이거 내 인생작임 10화까지 초반만 참으면 그 뒤로 개재밌음'

back to / 회사 안

보조작가 (퀭한 얼굴로) 작가님… 사이트에서 연락 왔는데요. 언제 올라오냐고… 이번에도 지각하면 패널티 준다고….

진우 (영혼 없이) 음… 그래요….

보조작가 그래서… 언제까지….

진우 (이미 그림에 집중) ….

보조작가 (포기) ….

진우가 연필로 그림을 그리기 시작한다.

스토리보드처럼 러프하게 그려진 그림 옆엔 '앞자리, 뒷자리.
교복을 입은 남학생의 등에 파란 펜 자국이 찍히기 시작한다'로 문장이 시작된다.

NA 진우 그리고 다음 웹툰을 그리기 시작했는데, 주인공은-

교복 입은 선아의 모습이 그려지는데, 순간 울리는 핸드폰.

진우 양반은 아니네. (전화 받고) 여보세요.
선아(E) 나야.
진우 (모르는 척) 누구?
선아(E) 치... 바빠?
진우 바빠도 스톱해야지. 얼마 만에 온 전환데. 근데 가슴 떨리게 무슨 일?
선아(E) 맞춰봐.
진우 이제라도 고백하게?
선아(E) 여전하네.
진우 그럼. 난 대단한 사람이니까 원한다면 받아줄 수도 있어.
선아(E) 그럼 진짜로 고백할게.

전화를 든 진우의 표정이 묘하게 변한다.

미술팀 대단한 회사 세팅안

대단한 회사 내부_세팅안

날짜 설정 - 2018년7월23일
소품 - (먹고난)수북한 도시락쓰레기, 커피컵, 책장 위 피규어
벽면 스케줄표 화이트보드(이동형), 만화책(현장 책꽂이 2개 채울 양 필요), 벽면 부착물(미술팀인쇄)
4컷 콘티종이(미술팀 작업), 진우보조작가 pc, 와콤태블릿, 종이, 연필, 연필꽂이, 채색도구, 마카, **포스트잇, 달력(진우집 사용 사이즈 가로형 2개로 미술팀 작업 해서 가겠습니다)**

대단한 회사 내부_비타민 사인 발주

[대단한회사]

간판 / 유포출력 / 컷팅 / 포맥스5T부착 / 1200x285 / 1ea

격투기대마왕 포스터 / 유포출력 / 420x594 / 각1ea

격투기대마왕 포스터 / 유포출력 / 841x1189 / 각1ea

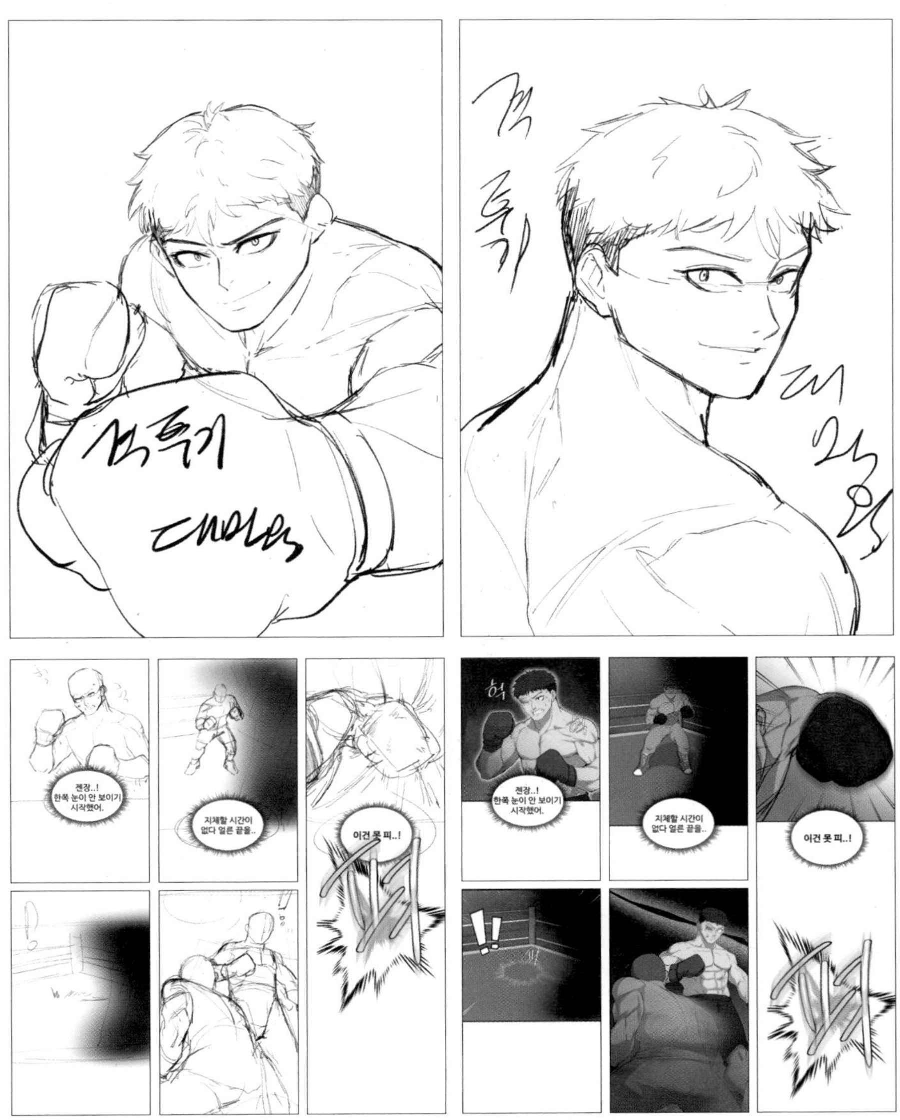
격투기 대마왕
격투기 대마왕
젠장..! 한쪽 눈이 안 보이기 시작했어.
지체할 시간이 없다 얼른 끝을..
이건 못 피..!
헉
젠장..! 한쪽 눈이 안 보이기 시작했어.
지체할 시간이 없다 얼른 끝을..
이건 못 피..!

76. 결혼식장 안 / 낮

하객들로 가득한 결혼식장.

원형 테이블에 앉아 식을 기다리는 친구들 보인다.

병주	지수야 침대 필요 없어? 넌 특별히 연예인 디씨해 줄게 생각 있음 말해.
태완	니들 제주도 올 일 없어?
동현	밥은 언제 나오려나. 여기 밥 맛있다던데.
성빈	(친구들 보며 절레절레)
병주	야. 우리 선아 그냥 이렇게 보낼 거냐?
성빈	(진지하게) 신랑 지나갈 때 발 걸 건데.
지수	으휴. 축복해 주진 못할망정.
성빈	니가 몰라서 그래. 내가 좋아하던 여자가 다른 남자랑 행복하길 빌어 준다? 어느 남자가 그게 가능한데? 가능하냐?
친구들	절대 불가능하지.

순간, 결혼식장이 어두워진다. 음악이 흘러나온다.

불이 켜지면, 아버지의 손을 잡은 선아가 수줍게 고개를 든다. 아름답다.

테이블에 앉은 친구들, 넋을 놓고 선아를 본다.

선아가 버진로드에 첫발을 내딛는 순간,

밝은 홀에서 어두운 예식장으로 내딛는 또 하나의 구둣발.

(뒤늦게 도착한 진우가 숨을 헐떡인다)

선아, 수줍은 표정으로 천천히 버진로드를 걷는다.

이를 멍하게 지켜보는 친구들 뒤로 진우가 걸어온다.

친구들 테이블에 앉으려던 진우의 앞으로 선아가 다가온다.

선아. 서 있는 진우와 눈이 마주친다.

NA	**진우**	성빈이가 틀렸다. 남자가 한 여자를 진정으로 사랑했다면, 그녀에게 사랑하는 사람이 생겼을 때, 영원히 행복하길 진심으로 빌어주게 된다.

선아가 신랑 옆에 가 선다.

아버지에게서 손을 건네받은 신랑의 모습 처음으로 보인다.

진우가 진심 어린 축복을 담아 보낸다.

그 옆으로 다른 친구들 모두 행복을 빌어주는 표정이다.

cut to /

카메라 플래시 찰칵.

사진기사 이번엔 신랑 신부 키스! 뒤에 친구분들 박수!

선아와 신랑이 키스한다. 이를 보는 진우와 친구들의 표정이 좋지 못하고,

사진기사 뒤에 남자분들. 경찰서 아니에요. 표정 너무 무섭다~

억지로 입만 크게 웃는 진우와 친구들.

cut to /

흩어지는 사람들 사이. 사진기사가 카메라를 정리하려는데,

병주 기사님! 저희끼리 한 장만 더 찍어주시면 안 될까요? 저희가 신부랑 불알친구거든요.

태완 (당황) 아, 선아는 그게 없어요.

신랑 ?

친구들, 선아 바로 옆자리에 서려고 몸싸움. 진우는 조용히 가장 끝에 가 선다.

사진기사 (찰칵) 하나, 둘, 오케이. 됐습니다.

동현　　형님. 저희는 감히 넘보지도 못했던 동춘천고 최고 미녀와 결혼하게 된 기분이 어떠십니까?

신랑　　정말 꿈같습니다. 항상 섬기는 마음으로 살겠습니다.

동현　　그래서 말인데요. 저희가 선아를 보내기가 너무 아쉬워서 마지막으로 신부한테-

병주　　(급발진) 뽀뽀 좀 해도 되겠습니까!

지수　　야! (신랑에게) 죄송해요. 재가 미쳤나 봐요.

신랑, 선아를 쳐다본다.

선아　　그래.

일동　　(환호성)

선아　　대신! 조건이 있어. 오빠한테 한 만큼만 나한테 할 수 있어.

동현　　악. 그게 뭐야 치사하게.

병주　　안 해, 나 안 해. 그냥 하지 말라는 거지.

갑자기, 신랑에게 돌진해 얼굴을 감싸며 키스를 밀어붙이는 진우.
친구들 모두 입 떡 벌어지고, 신랑도 당황, 선아의 눈이 커진다.
진우가 신랑과 키스하며 버진로드를 역행한다.
테이블에 막혀 아래에 깔린 신랑이 진우의 입술을 벗어나려 버둥거린다.
이 모습을 놀라 쳐다보던 선아, 웃음이 터지고 만다.
입을 가리고 웃는 선아에서, 과거 고등학교 시절 기억이 흐른다.

s# 79-3	D / L	결혼식장, 내부	CUT	24
	INT	기념사진 촬영이 끝나고, 신랑에게 선아에게 키스 허락을 요구하는 친구들. 황당한 부탁이지만 신랑은 자기한테 한만큼 신부에게 할수 있다 말한다. 그 말을 들은 진우, 망설임 없이 신랑에게 딥키스를 시전한다	2018.09.15(토)16:45	

C#4

사진기사 OS 신랑 신부 친구들 FS

흩어지는 사람들 사이. 사진기사가 카메라를 정리하려는데,

하객들 f.o

C#5

사진기사 BS

병주 기사님! 저희끼리 한 장만 더 찍어주시면 안 될까요? 저희가 신부랑 불알친구거든요.

태완 (당황) 아, 선아는 불알이 없어요.

신랑 ?

동현 아니 형님, 있다 없어진 게 아니라, 원래부터 없어요. 걱정 마세요.

C#6

사진기사 BS

사진기사 허허. 그럼, 신랑 신부 옆에 서보세요.

C#7

사진기사 OS 신랑 신부 친구들 FS

친구들, 선아 바로 옆자리에 서려고 몸싸움. 진우는 조용히 가장 끝에 가 선다.

사진기사 (찰칵) 오케이. 됐습니다.

C#8

친구들 신랑 신부 5S BS

병주 형님. 저희는 감히 넘보지도 못했던 동춘천고 최고 인기녀와 결혼하게 된 기분이 어떠십니까?

신랑 꿈 같습니다. 섬기는 마음으로 살겠습니다.

병주 그래서 말인데요. 선아를 이렇게 보내기가 좀 억울해서요. 마지막으로 신부한테-

s# 79-3	D / L	결혼식장, 내부	CUT	24
	INT	기념사진 촬영이 끝나고, 신랑에게 선아에게 키스 허락을 요구하는 친구들. 황당한 부탁이지만 신랑은 자기한테 한만큼 신부에게 할수 있다 말한다. 그 말을 들은 진우, 망설임 없이 신랑에게 딥키스를 시전한다	2018.09.15(토)16:45	

C#9

친구들 신랑 신부 5S BS

태완 (급발진) 뽀뽀 좀 해도 되겠습니까!

지수 야! (신랑에게) 죄송해요. 쟤가 미쳤나 봐요.

C#10

친구들 신랑 신부 8S KS

신랑, 선아를 쳐다본다.

선아 그래.

일동 (환호성)

C#11

선아 BS

선아 대신! 조건이 있어. 오빠한테 한 만큼만 나한테 할 수 있어.

C#12

친구들 신랑 신부 5S BS

병주 악. 그게 뭐야 치사하게.

C#13

친구들 신랑 신부 5S BS

태완 너무하잖아.

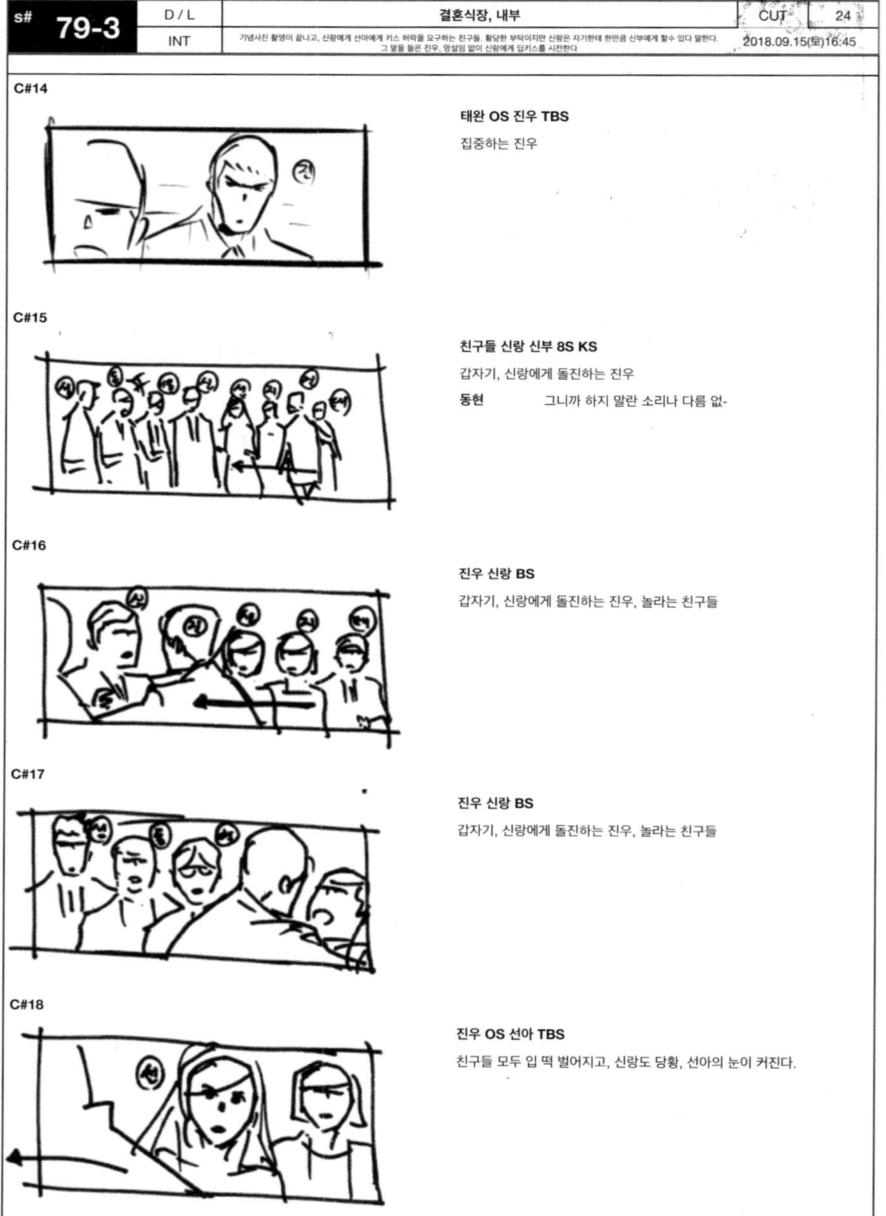

S# 79-3	D / L	결혼식장, 내부	CUT	24
	INT	기념사진 촬영이 끝나고, 신랑에게 선아에게 키스 허락을 요구하는 친구들. 황당한 부탁이지만 신랑은 자기한테 한만큼 신부에게 할수 있다 말한다. 그 말을 들은 진우, 망설임 없이 신랑에게 딥키스를 시전한다	2018.09.15(토)16:45	

C#14

태완 OS 진우 TBS

집중하는 진우

C#15

친구들 신랑 신부 8S KS

갑자기, 신랑에게 돌진하는 진우

동현 그니까 하지 말란 소리나 다름 없-

C#16

진우 신랑 BS

갑자기, 신랑에게 돌진하는 진우, 놀라는 친구들

C#17

진우 신랑 BS

갑자기, 신랑에게 돌진하는 진우, 놀라는 친구들

C#18

진우 OS 선아 TBS

친구들 모두 입 떡 벌어지고, 신랑도 당황, 선아의 눈이 커진다.

S# 79-3	D / L	결혼식장, 내부	CUT	24
	INT	기념사진 촬영이 끝나고, 신랑에게 선아에게 키스 허락을 요구하는 친구들. 황당한 부탁이지만 신랑은 자기한테 한만큼 신부에게 할수 있다 말한다. 그 말을 들은 진우, 망설임 없이 신랑에게 딥키스를 시전한다	2018.09.15(토)16:45	

C#19

진우 신랑 FS / 측면

진우가 신랑과 키스하며 버진로드를 역행한다

C#20

진우 신랑 BS

키스를 퍼붓는 진우

좌 트랙킹

C#21

선아 친구들 6S WS

친구들 모두 입 떡 벌어진다

C#22

진우 신랑 KS

테이블에 막혀 아래에 깔린 신랑이 진우의 입술을 벗어나려 버둥거린다.

C#23

선아 OS 진우 신랑 FS

버둥거리는 신랑

77. 과거와 뒤섞인 판타지

[학창 시절 몽타주]

선아에게 책을 넘기고 덤덤하게 일어나는 진우의 얼굴.
파란 펜으로 진우 등을 찌르는 선아. 진우 등에 남은 수많은 파란색 흔적들.
진우에게 참고서를 건넨 뒤 따지는 선아.

선아 내가 무시하는 건, 노력하는 사람 무시하는 사람이야.

동현이 편을 들기 위해 용기를 내는 선아.

선아 선생님. 제 눈에도 동현이한테 하신 행동은 부당해 보입니다.

함께 기마 자세로 벌을 받는 진우와 아이들. 울먹이는 선아를 바라보는 진우.
백허그를 하듯 선아 뒤에 붙어 창문을 닦는 진우.

[학창 시절, 머리 밀고 온 날 / 밤]

빡빡머리 진우를 보며 웃음을 참는 선아.

[학창 시절, 운동장 / 낮]

진우를 보더니 묶었던 머리를 풀고 지수와 운동장으로 걸어가는 선아.

머리를 푼 선아를 넋 놓고 바라보는 진우.

[학창 시절, 졸업식 날 / 낮 (추가액팅)]

지수에게 속마음을 털어놓는 선아.

선아 진우가 고백해 주면 좋을 거 같아.

[학창 시절, 졸업식 날-다리 위 / 낮]

서로를 바라보는 진우와 선아. 선아 팔에 조심스럽게 팔찌를 매어주는 진우.

[결혼식장, 판타지 Insert]

진우와 선아, 단둘이 있는 결혼식장에서 뜨거운 키스.

[대학 몽타주]

버스정류장에서 싸우는 두 사람. 사이로 진우가 격투기하며 얻어맞는 장면과 이를 보기 힘들어하는 선아의 표정 교차편집.

선아 이렇게 가면 진짜 끝이야!

진우 그래 끝이다 끝!

이전에는 보이지 않았던 두 사람 각각의 장면 연결된다.
상처투성이의 진우, 골목 계단에 앉아 비를 맞으며 서럽게 울고 있다.
선아, 진우와 싸웠던 버스정류장에 서서 울고 있다.
진우가 절뚝이며 걸어온다.

진우 (눈물 닦아주며) 미안. 내가 너무 늦었지.

선아가 진우 얼굴의 상처를 확인하려 손을 뻗으면,
진우는 선아 손에 난 상처를 그제야 알게 된다.

[결혼식장, 판타지 Insert]

진우와 선아의 키스, 이루지 못해 더 간절하다.

[학창 시절 몽타주]

복도에서 오리걸음 중인 진우를 보고 피식- 웃는 선아.
동현이를 위해 담임선생님의 부당한 행동을 지적하는 진우.

진우 얼마면 되는데요? 제가 낼게요.

[춘천 향교 / 낮]

아이들 곁을 지나가며 진우를 바라보는 선아.

[학교 앞, 벤치 / 밤]

울고 있는 선아 머리 위에 손을 뻗어 눈을 막아주는 진우.

[학창 시절 몽타주 / 낮]

선아 넌 유치해.

진우 유치하기가 얼마나 힘든지 아냐?

선아 그래. 넌 계속 그렇게 유치해라.

진우 (따라하며) 그래. 넌 계속 그렇게 유치해라.

유치하게 대꾸하는 진우를 보며 웃는 선아.

[대학 몽타주]

남산에 자물쇠를 채우는 진우. '선아 내 여자 만들기' 글자가 큼지막하고 선아가 채우는 자물쇠에 '나도 너 좋아해'라 적힌 글씨. 선아가 멀리서 진우를 보고 수줍게 웃는다.

[버스정류장 / 밤]

비에 젖은 선아가 손을 내밀어 떨어지는 빗방울을 받는다. 그런 선아를 보는 진우의 얼굴.

[학창 시절, 머리 밀고 온 날 / 밤]

공부하는 선아와 그동안 자리를 지켜주는 진우. 선아 앞자리에 앉아 책상에 귀신 낙서를 그린다.

[군대, 레펠 훈련장 / 낮]

진우가 헬기 레펠 훈련 중이다.

교관 여자 친구 있습니까?

진우 사랑하는 사람 있습니다! 오선아! 사랑한다!

[학창 시절, 소나기 / 밤]

빡빡머리로 자전거를 타고 달리는 진우. 비를 맞으며 행복하게 소리친다.

진우 선아야! 나! 너! 진짜 진짜 좋아해!

[춘천 체육관 (이재민 대피소) / 밤]

선아 (통화) 좋아해 줘서 고마웠어.

[결혼식장, 판타지 Insert]

진우와 선아의 키스, 이제야 고백이 닿은 듯 애절하다.

[결혼식장, 판타지 → 현실]

진우와 선아가 천천히 입을 뗀다.
연결되며 진우가 신랑에게서 천천히 입을 뗀다. 놀란 표정의 신랑이 테이블에 누워 있다.
진우가 뒤돌아 자리를 뜨면, 동현과 친구들이 앞다투어 신랑에게 가 서로 뽀뽀하려 한다.

cut to /

진우, 케이크가 묻어 더러워진 재킷을 벗으며 천천히 선아 앞에 가 선다.

진우	(미소) 난 계속 이렇게 유치하게 살 거다.
선아	(미소로 화답) 꼭 그래라.

재킷을 벗은 진우. 예전 반팔 교복 셔츠 차림이다.
등에는 여전히 파란 물이 번져 있다.
파란 번짐에서,

NA	**진우**	그 시절 우리가 좋아했던 소녀는 우리의 꿈이었고 청춘이었다. 나는 아직도 그 꿈을 꾸고 있고 절대 깨지 않을 거다.

끝.

구진우

SUPPLEMENT

〈부록 1〉 컨셉, 톤앤매너/주요 공간 및 고증 이미지 자료

그 시절,
우리가
좋아했던 소녀

- 컨셉, 톤앤매너
- 주요 공간 및 고증 이미지

PRODUTION DESIGN **NEMO**

컨셉

그 시절,
우리가
좋아했던 소녀

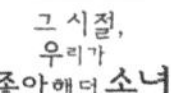

그 시절,
우리가
좋아했던 소녀

컨셉

그 시절,
우리가
좋아했던 소녀

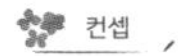
컨셉

그 시절,
우리가
좋아했던 소녀

톤앤매너

그 시절,
우리가
좋아했던 소녀

톤앤매너

그 시절,
우리가
좋아했던 소녀

톤앤매너

그 시절,
우리가
좋아했던 소녀

TONE & MANNER 진우집 - 진우방

그 시절, 우리가 좋아했던 소녀

고증이미지 진우집 - 베란다

그 시절, 우리가 좋아했던 소녀

2000년대초반 분위기 - 전자기기

삼성 카세트라디오 ST-A500

2003년 핸드폰

2002년 헤드폰

2000년대 웹캠

2002년 대우 볼록tv

2000년대 초반 출시 삼성 lcd평면tv

2001년 구입 집전화기

2002년 아이팟

2001년 12월 출시 아이리버 시디피

2000년대 초반 mp3

2000년대 초반 mp3

2002년 카메라

2002년 컴퓨터

슈퍼패미컴

슈퍼패미컴 팩

2002년 레인콤 mp3

Mdr82 헤드폰

1

TONE & MANNER 거리 - 문구점

그 시절, 우리가 좋아했던 소녀

2000년 문구점

2000년대 문구점

2004년 문구점

2000년 문구점

2

TONE & MANNER 진우집 - 복도식 아파트 전경

그 시절,
우리가
좋아했던 소녀

고증이미지 진우집 - 복도식 아파트 전경

그 시절,
우리가
좋아했던 소녀

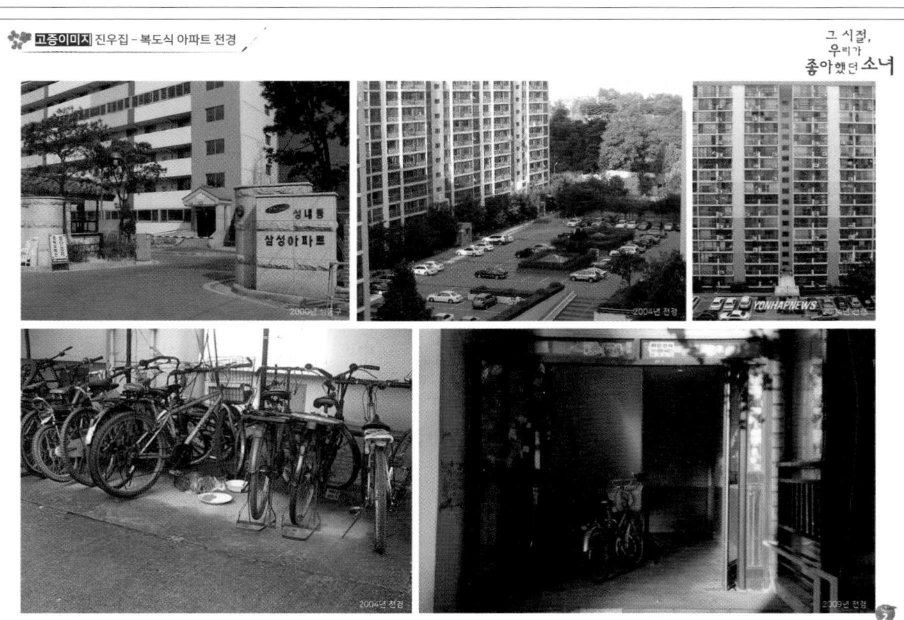

TONE & MANNER 대학교 - 격투동아리실

그 시절,
우리가
좋아했던 소녀

TONE & MANNER 거리 - 언덕길

그 시절,
우리가
좋아했던 소녀

TONE & MANNER 거리 - 슈퍼

그 시절, 우리가 좋아했던 소녀

2000년대초반 분위기 - 지방거리

그 시절, 우리가 좋아했던 소녀

2000년대 경북 안동

2000년대 대구

2005년 화개장

2000년대 대구

2004년 지제

2000년대 용인

2000년대초반 분위기 - 지방거리

그 시절, 우리가 좋아했던 소녀

2000년 청원

2000년 수원

2000년 삼척

2000년 동해

2000년 수원

1

TONE & MANNER 거리 - 토스트트럭

그 시절, 우리가 좋아했던 소녀

2003년 토스트트럭

2008년 토스트트럭

2

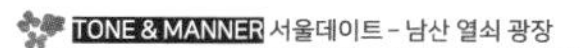

그 시절, 우리가 좋아했던 소녀

2005년 남산 열쇠광장

2007년 남산 열쇠광장

2007년 남산 열쇠광장

2007년 남산 열쇠광장

〈부록 2〉 공간 컨셉 및 디자인 자료

그 시절,
우리가
좋아했던 소녀

- 공간 컨셉 & 디자인 -

PRODUTION DESIGN NEMO

래퍼런스 이미지 - 진우집 외부

그 시절,
우리가
좋아했던 소녀

래퍼런스 이미지 – 진우집 외부

그 시절, 우리가 좋아했던 소녀

래퍼런스 이미지 – 진우집 외부

그 시절, 우리가 좋아했던 소녀

렌더링 이미지 – 진우집1 안

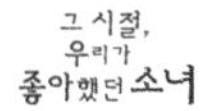

렌더링 이미지 – 진우집1 안

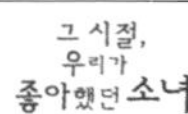

렌더링 이미지 – 진우집1 안

그 시절, 우리가 좋아했던 소녀

렌더링 이미지 – 진우집1 안

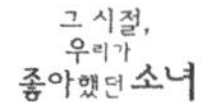

그 시절, 우리가 좋아했던 소녀

렌더링 이미지 - 진우집2 안

그 시절,
우리가
좋아했던 소녀

렌더링 이미지 - 진우집2 안

그 시절,
우리가
좋아했던 소녀

렌더링 이미지 – 진우집2 안

렌더링 이미지 – 진우집2 안

버스 정류장 REF
그 시절,
우리가
좋아했던 소녀
강진읍 ← 구로농공단지 →
피복일번지
버스 정류장 REF
그 시절,
우리가
좋아했던 소녀

버스 정류장 1안
그 시절,
우리가
좋아했던 소녀
버들닭갈비
055-164-7951
버스 정류장 2안
그 시절,
우리가
좋아했던 소녀
BUS STOP
버들닭갈비
055-164-7951

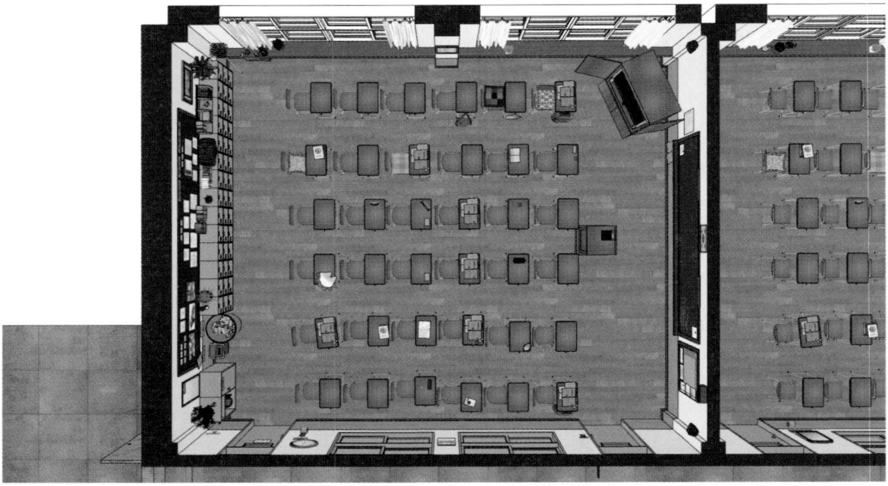

렌더링 이미지 - 학교

그 시절, 우리가 좋아했던 소녀

렌더링 이미지 - 학교

그 시절, 우리가 좋아했던 소녀

렌더링 이미지 - 학교

렌더링 이미지 - 학교

그 시절,
우리가
좋아했던 소녀

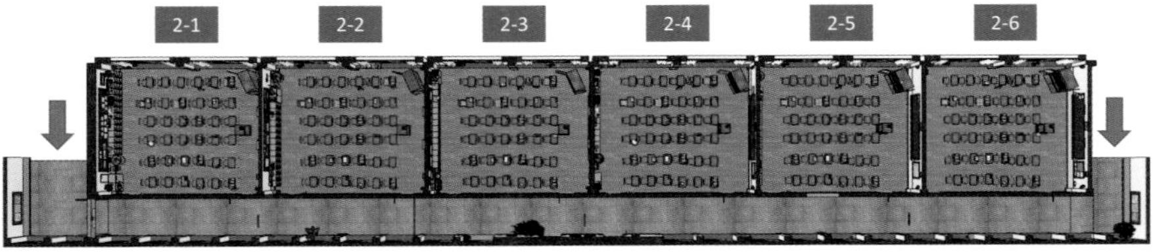

2-1 2-2 2-3 2-4 2-5 2-6

동춘천고등학교 진우 교실 & 복도 (구 홍성여자고등학교 2층 _홍성군 홍성읍

2)

반 배치도

 김시연	 강준구	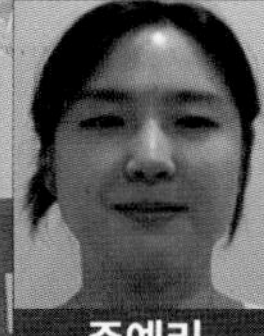 주예리
 배효인	 진우	이우혁
 병주	선아	지수
 태완	 구승현	 심준호
 신환희	 이세은	 박한빛나라
 구세현	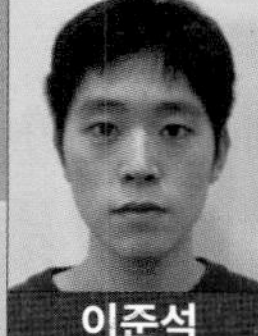 이준석	동현

사랑이
넘치는
윤영민
최재성
정주찬
민경욱
백지혁
안세지
진희규
안성인
김서연
서연수
박현민
정서진
성빈
설원
황가희
박성호
최윤서
박찬연

2024.06.25 확인헌팅 회의자료

01. 수해복구 (S#71-1, 71-2 / 의왕시 찬우물 4길 15 부근) FIX : 7/1

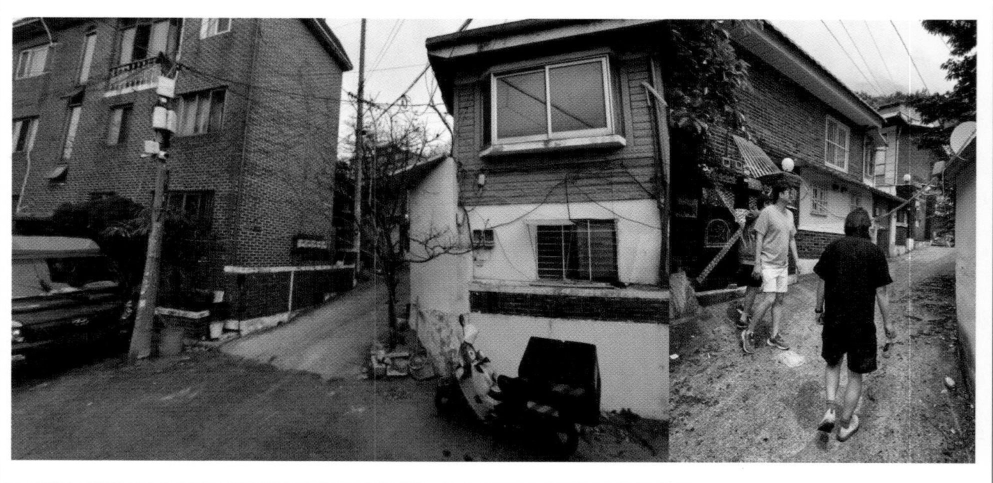

01. 수해복구 (S#71-1, 71-2 / 의왕시 찬우물 4길 15 부근) FIX : 7/1

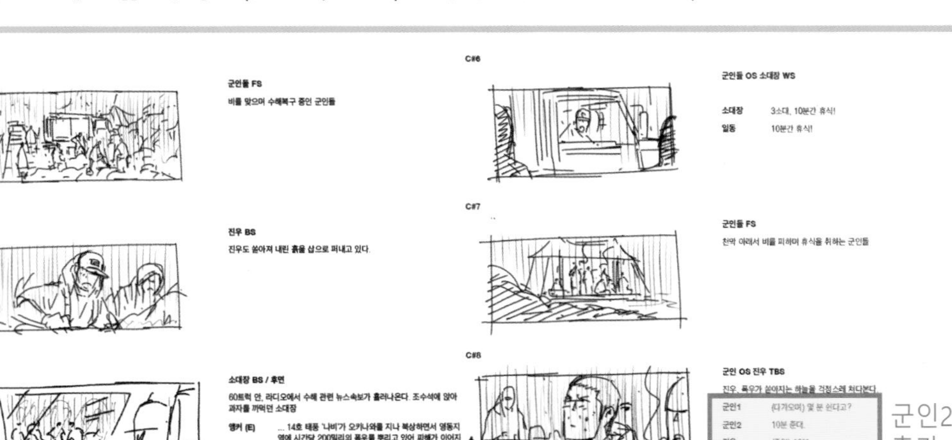

C#3
군인들 FS
비를 맞으며 수해복구 중인 군인들
C#4
진우 BS
진우도 쏟아져 내린 흙을 삽으로 퍼내고 있다.
C#5
소대장 BS / 후면
60트럭 안, 라디오에서 수해 관련 뉴스속보가 흘러나온다. 조수석에 앉아 과자를 까먹던 소대장
앵커 (E) ... 14호 태풍 '나비'가 오키나와를 지나 북상하면서 영동지역에 시간당 200밀리의 폭우를 뿌리고 있어 피해가 이어지고 있습니다. 안타까운 인명 사고도 있었는데요, 오후 5시 40분경 강원도 춘천시 석사동 주택가 가옥 뒤 절개지에서 토사가 흘러내려...
C#6
군인들 OS 소대장 WS
소대장 3소대, 10분간 휴식!
일동 10분간 휴식!
C#7
군인들 FS
천막 아래서 비를 피하며 휴식을 취하는 군인들
C#8
군인 OS 진우 TBS
진우, 폭우가 쏟아지는 하늘을 걱정스레 쳐다본다.
군인1 (다가오며) 몇 분 쉰다고?
군인2 10분 준다.
진우 (중얼) 10분...
군인2 추가
진우, 갑자기 뭔가 생각난 듯 빗속으로 뛰어간다.

01. 수해복구 (S#71-1, 71-2 / 의왕시 찬우물 4길 15 부근) FIX : 7/1

O1. 수해복구 (S#71-1, 71-2 / 의왕시 찬우물 4길 15 부근) FIX : 7/1

- 배우 소대장 (강필선) 군인 1 (김동률) 군인 2 (이호광)
- 출연자 (총 15) 군인 10명 / 민간인 작업자 5명 (중년 남성 3, 중년 여성 2)
- 의상 (군복 총 13벌) 소대장 : 군복 + 소위 계급장 모자
군인들 : 군복 + 병사 군모 + 판초우의 10개
민간인 작업자 : 작업 복장 + 우비 + 고무장갑 등
- 미술/제작 60트럭, 소대장 과자, 삽, 각종 잔해물, 흙더미, 쓰레기봉투 등

판초우의 레퍼런스

O2. 진우 집 앞 (S#5-1 / 의왕시 모란길 31 삼호 백조 아파트 앞) FIX : 7/4

O2. 진우 집 앞 (S#5-1 / 의왕시 모란길 31 삼호 백조 아파트 앞) FIX : 7/4

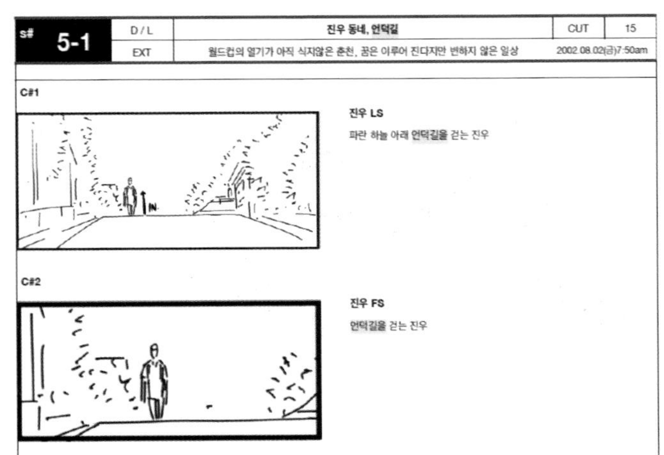

S# 5-1	D / L	진우 동네, 언덕길	CUT	15
	EXT	월드컵의 열기가 아직 식지않은 춘천, 꿈은 이루어 진다지만 변하지 않은 일상	2002.08.02(금)7:50am	

C#1

진우 LS

파란 하늘 아래 언덕길을 걷는 진우

C#2

진우 FS

언덕길을 걷는 진우

O2. 진우 집 앞 (S#5-1 / 의왕시 모란길 31 삼호 백조 아파트 앞) FIX : 7/4

- 배우 진우
- 출연자 (총 4) 중년 여성 2, 할아버지 1, 출근 남성 1
- 의상 학생 : 교복
  주민 : 평상복
- 미술/제작 출근 가방, 학생들 가방 등

02. 현재 진우 방 (의왕시 모란길 31 삼호 백조 아파트 1층) FIX : 7/4

02. 현재 진우 방 (의왕시 모란길 31 삼호 백조 아파트 1층) FIX : 7/4

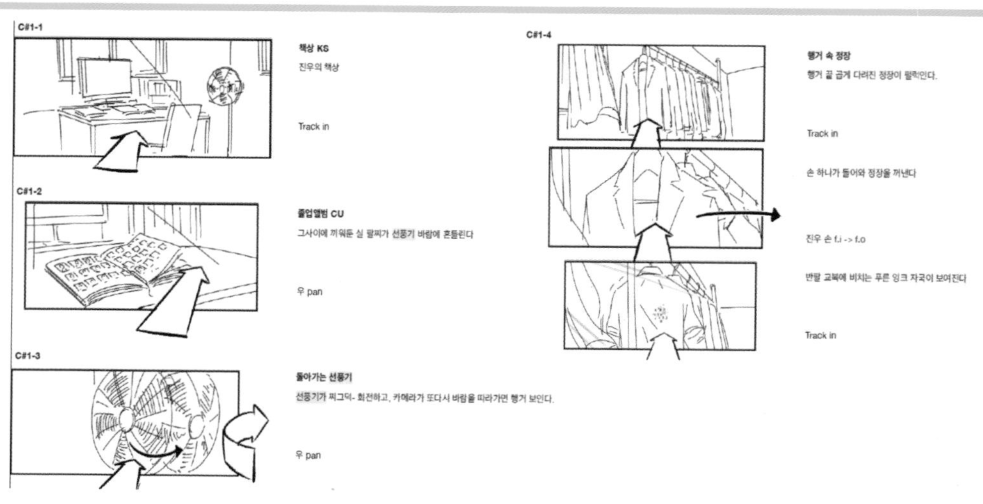

C#1-1
책상 KS
진우의 책상
Track in
C#1-2
졸업앨범 CU
그사이에 끼워둔 실 팔찌가 선풍기 바람에 흔들린다
우 pan
C#1-3
돌아가는 선풍기
선풍기가 끼그덕- 회전하고, 카메라가 또다시 바람을 따라가면 행거 보인다.
우 pan
C#1-4
행거 속 정장
행거 끝 곱게 다려진 정장이 펄럭인다.
Track in
손 하나가 들어와 정장을 꺼낸다
진우 손 f.i -> f.o
반팔 교복에 비치는 푸른 잉크 자국이 보여진다
Track in

03. 과거 진우 집 (의왕시 모란길 31 삼호 백조 아파트 4층) FIX : 7/4

03-1. 베란다~기술선생님 집 (S#32-2 / 동일 장소 3층) FIX : 7/4

아래층 3층 : 기술선생님 (조달환) 집

※ 사진 없음

03-1. 베란다~기술선생님 집 (S#32-2 / 동일 장소 3층) FIX : 7/4

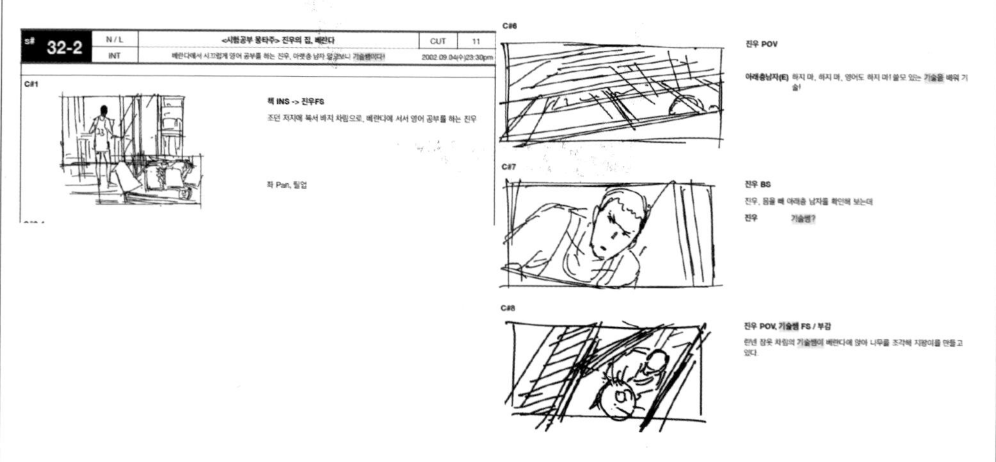

S# 32-2 | N/L | <시험공부 몽타주> 진우의 집, 베란다 | CUT 11
INT | 베란다에서 시끄럽게 영어 공부를 하는 진우, 아랫층 남자 알고보니 기술쌤이다! | 2002.09.04(수)23:30pm

C#1
책 INS -> 진우FS
조던 저지에 복서 바지 차림으로, 베란다에 서서 영어 공부를 하는 진우
좌 Pan, 틸업

C#6
진우 POV
아래층남자(E) 하지 마, 하지 마, 영어도 하지 마! 쓸모 있는 기술을 배워 기술!

C#7
진우 BS
진우, 몸을 빼 아래층 남자를 확인해 보는데
진우 기술쌤?

C#8
진우 POV, 기술쌤 FS / 부감
런닝 잠옷 차림의 기술쌤이 베란다에 앉아 나무를 조각해 지팡이를 만들고 있다.

03-2. 복도 (S#4 / 동일 장소 401호 앞 복도) FIX : 7/5

03-2. 복도 (S#4 / 동일 장소 401호 앞 복도) FIX : 7/5

C#1-3 VER.1

진우 BS

뒤돌아보는 진우

C#2-1

진우 OS 승희 KS

승희	(초록 액체 내밀며) 이거라도 마시고 가. 알지 슈퍼푸드?
진우	알지. 슈퍼에서 사 온 푸드

C#2-2

진우 승희 2S

진우, 숨을 참고 꿀꺽꿀꺽

04. 진우 등교길 (S#5-1 / 의왕시 등칙골 1길 상가들) 장소 FIX

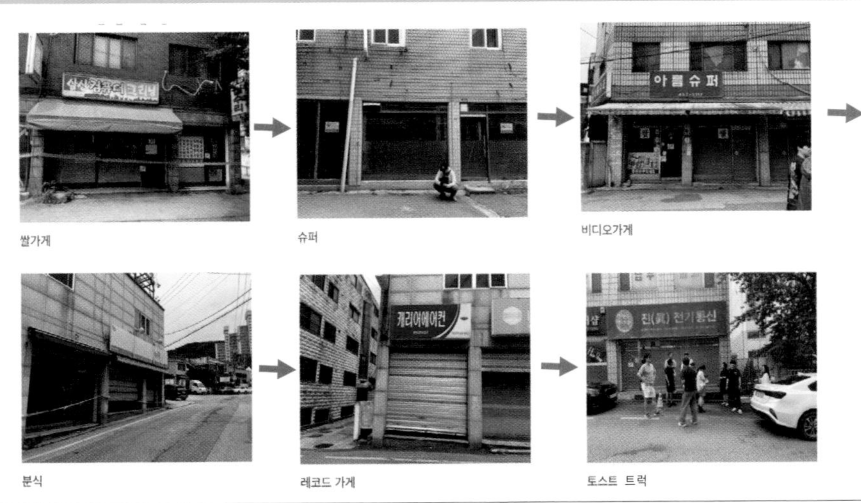

쌀가게 → 슈퍼 → 비디오가게 →

분식 → 레코드 가게 → 토스트 트럭

04. 진우 등교길 (S#5-1 / 의왕시 등칙골 1길 상가들) 장소 FIX

C#4

진우 OS 쌀집 아줌마 FS

붉은 악마 티를 입고 평상에서 부채질하는 쌀집 아줌마

슈퍼아줌마 하나 줘바!

Follow / 카메라 무빙 체크

C#5

슬러시 INS

역시나 붉은 악마 티를 입고 슬러시를 짜는 슈퍼 아저씨

C#7

진우, 강아지 WS

비디오 가게 앞. 가게를 지키던 강아지가 익숙한 얼굴에 꼬리를 친다.
주머니에서 간식을 꺼내 툭 던지고 지나치는 진우.

C#8

강아지 BS

간식을 물고 떠나가는 진우를 바라보는 강아지

C#9

분식집 중학생들 OS 진우 FS

중학생들 뒤로 좌 -> 우로 걸어가는 진우

04. 진우 등교길 (S#5-1 / 의왕시 등칙골 1길 상가들) 장소 FIX

- 배우 진우, 병주, 태완, 동현
- 출연자 (총 25) 초딩 6 (남 4, 여 2) 중딩 6 (남 3, 여 3) / 고딩 4 (남 2, 여 2)
  어르신 2 (여 2) / 어른 7 (여 5, 남 2)
- 의상 초등학생 : 사복
  중고생 : 교복
  주민 : 평상복
- 미술/제작 출근 가방, 학생들 가방, 장바구니, 축구공, 슬러시, 부채 등등
  동물 출연 (강아지)
  토스트트럭 섭외 및 세팅

04-1. 초딩들 축구 횡단보도 (S#5-1. 11~13번 컷 / 의왕 오전초등학교 앞)

장소 FIX

※ 진우 등교길과 같은 날에 촬영할 듯 : 출연자 바레이션 (축구하는 남자 초딩 2명 선별) / 소품차량 필요

05. 상상 속 공연장 (S#52-3 / 홍대 CLUB AOR)

장소 FIX

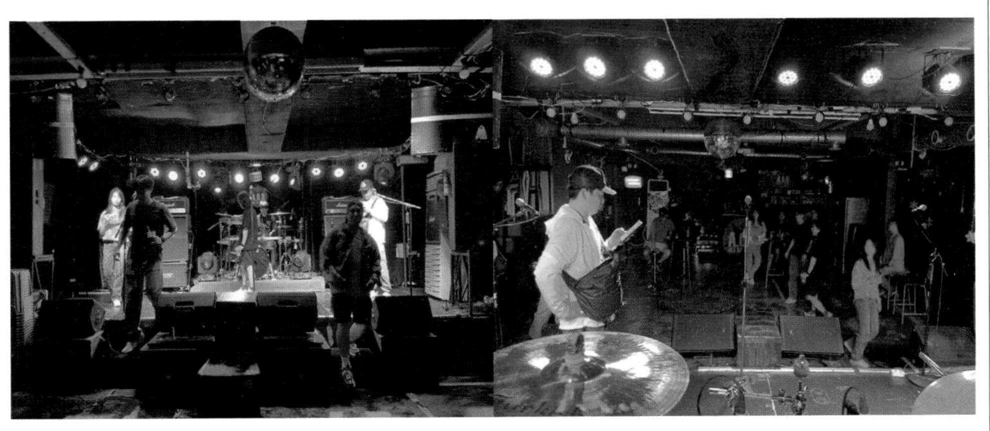

O5. 상상 속 공연장 (S#52-3 / 홍대 CLUB AOR)

장소 FIX

O5. 상상 속 공연장 (S#52-3 / 홍대 CLUB AOR)

장소 FIX

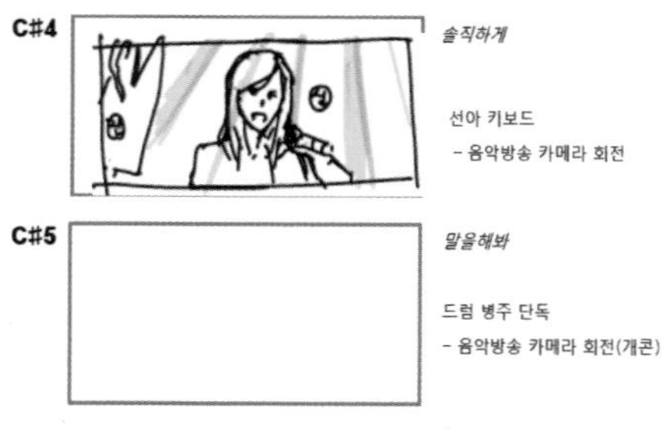

C#4

솔직하게

선아 키보드
- 음악방송 카메라 회전

C#5

말을해봐

드럼 병주 단독
- 음악방송 카메라 회전(개콘)

C#10 문희준 콘서트 관객 헤드뱅잉 장면

브릿지 부분

C#11 콘서트장 전경 풀샷

C#6

밤하늘의 별도 따줄텐데

진우가 선아를 보면서

C#7

풀샷 - 아이들이 신나게 뛰어 노는

oh stand by me
stand by me
stand by me

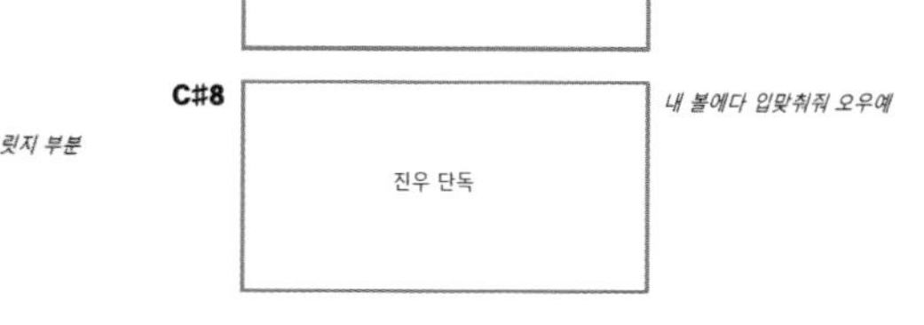

C#8

진우 단독

내 볼에다 입맞춰줘 오우예

05. 상상 속 공연장 (S#52-3 / 홍대 CLUB AOR) 장소 FIX

- 배우　진우, 선아, 지수, 병주, 태완, 동현, 성빈
- 출연자 (총 30) 10대 후반~20대 초반 남녀 (남 15, 여 15) – 상상 속 관객들도 수능 끝난 친구들인 설정
- 의상　진우와 친구들 : 공연복장
관객들 : 사복
- 미술/제작　악기, 마이크 (로케 보유), 휴대폰 (출연자 보유), 각종 포스터 등

06. 침대 매장 (S#75-2 / 한샘 인테리어 마포점) 장소 FIX

O6. 침대 매장 (S#75-2 / 한샘 인테리어 마포점) 장소 FIX

※ 씬 내용 일부 변경 : 침대 매장 직원이 된 병주가 침대에 신혼부부와 같이 누워 상품을 설명한다

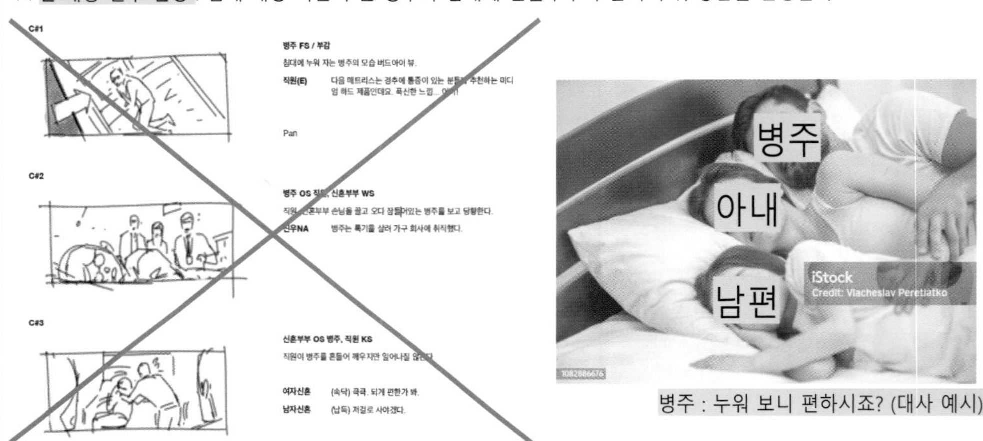

C#1
병주 FS / 부감
침대에 누워 자는 병주의 모습 버드아이 뷰.
직원(E)
Pan
C#2
신혼부부 WS
병주는 특기를 살려 가구 회사에 취직했다.
C#3
신혼부부 OS 병주, 직원 KS
여자신혼 (속닥) 쿡쿡. 되게 편한가 봐.
남자신혼 (납득) 저걸로 사야겠다.
병주
아내
남편
iStock
Credit: Vlacheslav Peretiatko
1082886676
병주 : 누워 보니 편하시죠? (대사 예시)

O6. 침대 매장 (S#75-2 / 한샘 인테리어 마포점) 장소 FIX

- 배우 병주, 신혼부부 아내 (최지영) 신혼부부 남편 (박지오)
- 출연자 (0명) 없음
- 의상 병주 : 직원 복장
  신혼부부 : 사복
- 촬영 침대 프레임 위로 카메라 올라가면서,
  다음 씬 태완이 게스트하우스에서 일하고 있는 모습으로 트랜지션 필요

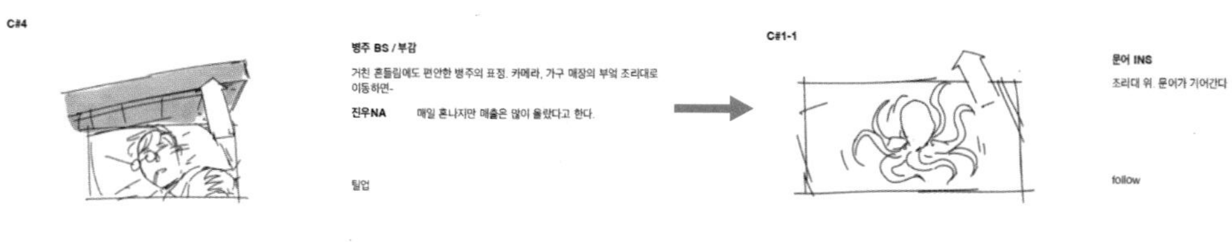

C#4
병주 BS / 부감
거친 흔들림에도 편안한 병주의 표정. 카메라, 가구 매장의 부엌 조리대로 이동하면-
진우NA 매일 혼나지만 매출은 많이 올랐다고 한다.
틸업
C#1-1
문어 INS
조리대 위. 문어가 기어간다
follow

07. 진우 선아 데이트 성곽길
(S#52-3 / 사직 근린공원)

장소 FIX

07. 진우 선아 데이트 성곽길
(S#52-3 / 사직 근린공원)

장소 FIX

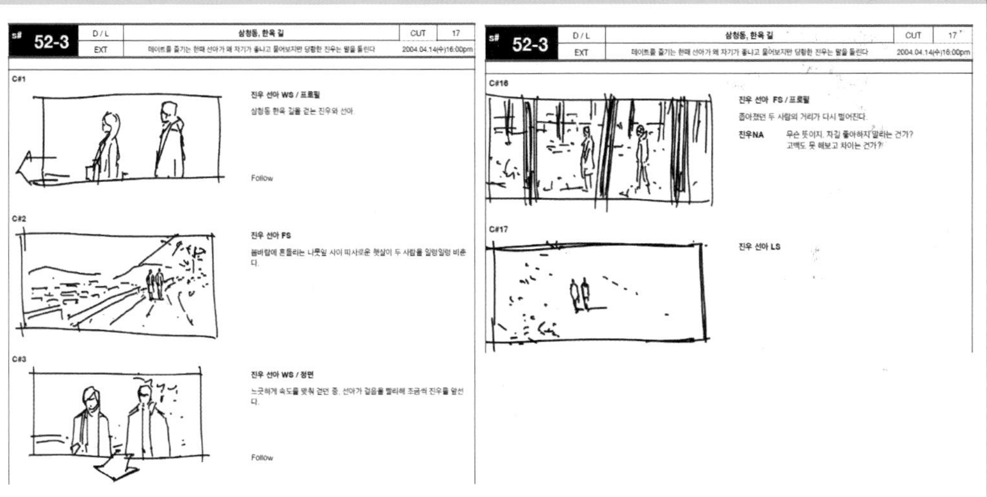

S# 52-3	D / L	삼청동, 한옥 길	CUT	17
	EXT	데이트를 즐기는 한때 선아가 왜 자기가 좋냐고 물어보지만 당황한 진우는 말을 돌린다	2004.04.14(수)16:00pm	

C#1

진우 선아 WS / 프로필

삼청동 한옥 길을 걷는 진우와 선아.

Follow

C#2

진우 선아 FS

봄바람에 흔들리는 나뭇잎 사이 따사로운 햇살이 두 사람을 일렁일렁 비춘다.

C#3

진우 선아 WS / 정면

느긋하게 속도를 맞춰 걷던 중, 선아가 걸음을 빨리해 조금씩 진우를 앞선다.

Follow

S# 52-3	D / L	삼청동, 한옥 길	CUT	17
	EXT	데이트를 즐기는 한때 선아가 왜 자기가 좋냐고 물어보지만 당황한 진우는 말을 돌린다	2004.04.14(수)16:00pm	

C#16

진우 선아 FS / 프로필

좁혀졌던 두 사람의 거리가 다시 벌어진다.

진우NA 무슨 뜻이지. 자길 좋아하지 말라는 건가? 고백도 못 해보고 차이는 건가?

C#17

진우 선아 LS

07. 진우 선아 데이트 성곽길 (S#52-3 / 사직 근린공원)

장소 FIX

- 배우　선아, 진우
- 출연자 (총 4)　40대 부부 2, 산책하는 어르신 2 (여 2)
- 의상　선아, 진우 : 데이트 복장
  40대 부부, 어르신 : 편한 사복

08. 진우 선아 데이트 한옥카페 (S#52-2 / 북촌 경성사진관)

장소 FIX

※ 꿀타래 설정은 OMIT

08. 진우 선아 데이트 한옥카페
(S#52-2 / 북촌 경성사진관)

장소 FIX

08. 진우 선아 데이트 한옥카페
(S#52-2 / 북촌 경성사진관)

장소 FIX

- 배우 선아, 진우, 사장님 (팥빙수 건네주는 역할 / 섭외 필요)
- 출연자 (총 6) 20대, 30대 남녀 커플 (남 2, 여 2) 중년 여성 2
- 의상 선아, 진우 : 데이트 복장
  커플들 : 데이트 복장
  중년 여성 : 외출복 사복

〈부록 4〉 현장 배치도 및 통제 계획서 – 동춘천고 촬영시 회차별 배치도 1

로케이션맵
홍성여자 고등학교 (충남 홍성군 홍성읍 내법리 403-21)

-주차안내
① 장비차량 주차 : 학교 교문 앞 (로케이션 맵 참조)
② 일반 차량 & 분장버스 : 운동장 (로케이션 맵 참조)

촬영 장소
홍성여자 고등학교
충남 홍성군 홍성읍 내법리 403-21

장비 차량 주차
분장버스
TOILET
식당 위치
본관 1층
일반 차량

현장 배치도 및 통제 계획서 – 동춘천고 촬영시 회차별 배치도 2

로케이션맵
- 구 홍성여자 고등학교 (충남 홍성군 홍성읍 소향리 3-2)

-주차안내
① 장비탑차 주차 : 학교 강당 뒤 (화장실 위치 & 로케이션 맵 참조)
② 장비승합 주차 : 운동장 아래 정구장 주차장 이용 (제작팀 안내)
③ 일반승합 주차 : 블랙앤화이트 카페 주차장 이용 (제작팀 안내)
④ 일반승용 주차 : 학교 뒤쪽 갓길 주차 (제작팀 안내)
⑤ 의상분장 버스 : 의상분장 완료 후 학교 뒤쪽 갓길 주차 (제작팀 안내)

삼거리 인근 주차 차량은 "버스정류소" 촬영시
이동주차가 있으니 참고 부탁드립니다

TOILET
분장버스
장비 탑차 주차
발전차
1차 촬영 장소
구 홍성여자 고등학교
장비 승합 주차

현장 배치도 및 통제 계획서 – 동춘천고 촬영시 회차별 배치도 3

로케이션맵
홍성여자 고등학교 (충남 홍성군 홍성읍 내법리 403-21)

-주차안내
① 장비차량 주차 : 학교 교문 앞 (로케이션 맵 참조)
② 일반 차량 & 분장버스 : 운동장 (로케이션 맵 참조)

촬영 장소
홍성여자 고등학교
충남 홍성군 홍성읍 내법리 403-21

식당 위치
본관 1층

일반 차량

장비차량주차

분장버스

TOILET

화장실
강당 건물 뒤

현장 배치도 및 통제 계획서 – 동춘천고 촬영시 회차별 배치도 4

로케이션맵
구 홍성여자고등학교 (충남 홍성군 홍성읍 내법리 403-21)

-주차안내
① 장비차량 주차 : 학교 강당 뒤 (화장실 위치 & 로케이션 맵 참조)
② 일반 차량 : 학교 교문 앞 및 주변 도로 (제작팀 안내를 따라주세요)

일반 차량

홍성새일교회

TOILET

분장버스

장비 차량 주차

일영빌라

홍성여고 사거리

촬영 장소
구 홍성여자고등학교 외관

하나투어

더타이어샵

일반 차량

희망창호공사

현장 배치도 및 통제 계획서 – 예산천 다리 촬영시 현장 배치도 및 통제계획

3.5T 차량 주차

1차 촬영 장소
예산천 다리위

장비 하차 베이스

일반 차량
장비 승합
1T차량

일반 차량
장비 승합
1T차량

화장실
예산서부교회

TOILET

로케이션맵
1차 : 예산 다리위 (충남 예산군 예산읍 주교리 322)
-주차안내
① 일반 차량, 장비 승합, 1T 차량 : 주교지하차도옆공영주차장 (충남 예산군 예산읍 주교리 322
② 3.5T 장비차량 주차장 : 노상 주차장 (충남 예산군 예산읍 주교리 533-17)

식당 위치
지돈가

장비차량주차

3차 촬영 장소
예산천 다리위

장비 하차 베이스
(하차후, 장비 주차장소이동)

일반 차량
& 승합차량

일반 차량
& 승합차량

로케이션맵
1차 : 예산천 다리위 (충남 예산군 예산읍 주교리 322)

-주차안내
① 일반 차량 : 주교지하차도옆공영주차장 (충남 예산군 예산읍 주교리 322)
② 장비차량 주차 : 노상주차장 (충남 예산군 예산읍 주교리 533-17)
(현장 도착시 제작팀 안내예정)

-전달사항

추후 다시 와야하는 로케이션 입니다. 흡연구역 준수 및 쓰레기등 주변민원과 의 마찰을 최소화로 부탁드리고, 문제시 제작팀을 찾아주시면 감사하겠습니다.

기관명 / 수신사

통제 계획 (종합)

통제 지역
우회 지역
안내 인원

안내 인원 역할
① 통제지역 진입 차량 우회 안내
② 통제지역내 거주 인원의 경우, 안전하게 이동할 수 있도록 안내

촬영 위치

기관명 / 수신사

홍보 계획 (현수막 위치)

영화 촬영

통제 안내

촬영 장소 : 충남 예산군 예산읍 주교리 319-3

일시 2024년 6월 15일 06:00~20:00
2024년 6월 16일 18:00~24:00

통행에 불편을 드려 죄송합니다. 협조 부탁드립니다.

협조 : 예산경찰서 CNFC 충남영상위원회

촬영 구역

현장 배치도 및 통제 계획서 – 예산천 버스정류장 촬영시 현장 배치도 및 통제계획

식사공간, 화장실
예산 문화원

분장버스

일반 차량

2차 촬영 장소
예산천 주차장

장비 하차 베이스
이후 장비차량 현장 주차 안내

로케이션맵
2차 : 예산천 주차장 (충남 예산군 예산읍 예산로164번길 21)
-주차안내
① 일반 차량 : 예산 문화원 (충남 예산군 예산읍 천변로90번길 3)
② 장비 차량 : 노상 주차장 (충남 예산군 예산읍 예산리 701-22 하차후, 현장안내예정)

통제 계획 (종합)

기관명 / 수신사

통제 지역
우회 지역
안내 인원

촬영 위치

기관명 / 수신사

홍보 계획 (현수막 위치)

현수막 위치

영화 촬영 통제 안내

촬영 장소 : 충남 예산군 예산읍 예산리 743

일시 : 2024년 6월 16일 18:00~07:00

통행에 불편을 드려 죄송합니다. 협조 부탁드립니다.

협조 : 예산경찰서 CNFC 충남영상위원회

현장 배치도 및 통제 계획서 – 대학교 촬영시 회차별 로케이션 맵 1

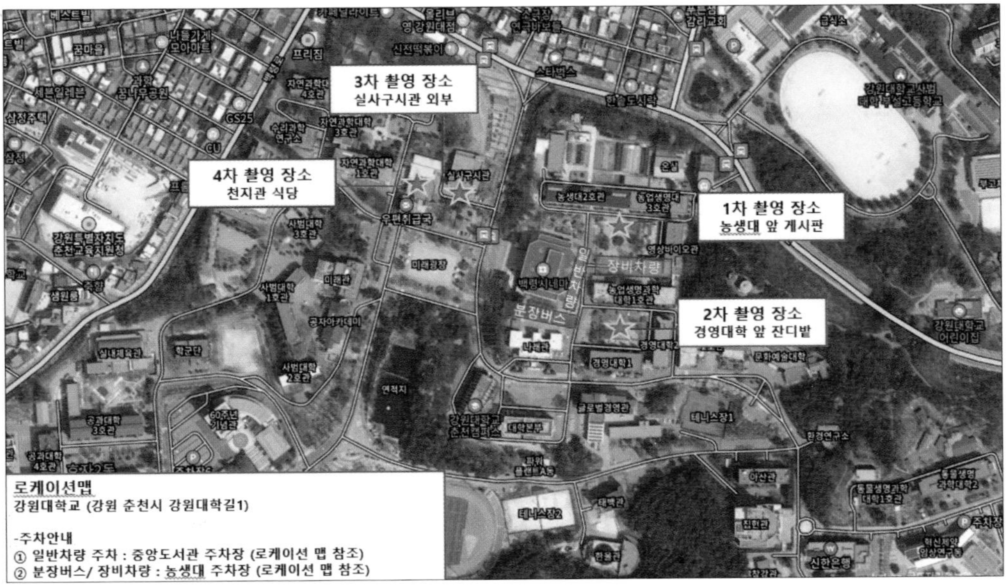

1차 촬영 장소
농생대 앞 게시판

2차 촬영 장소
경영대학 앞 잔디밭

3차 촬영 장소
실사구시관 외부

4차 촬영 장소
천지관 식당

장비차량

분장버스

로케이션맵
강원대학교 (강원 춘천시 강원대학길1)

-주차안내
① 일반차량 주차 : 중앙도서관 주차장 (로케이션 맵 참조)
② 분장버스/ 장비차량 : 농생대 주차장 (로케이션 맵 참조)

현장 배치도 및 통제 계획서 – 대학교 촬영시 회차별 로케이션 맵 2

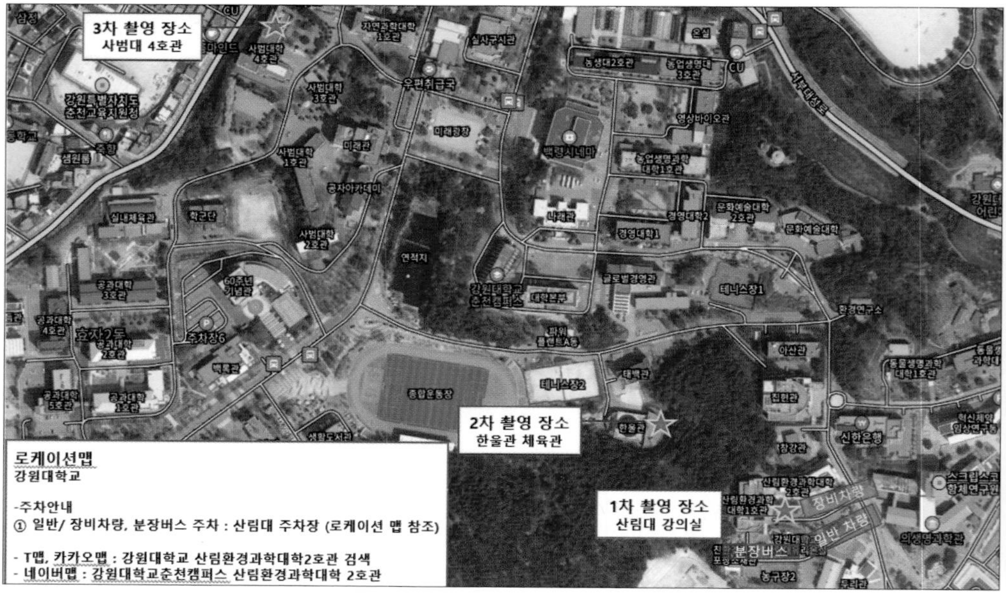
3차 촬영 장소
사범대 4호관
2차 촬영 장소
한울관 체육관
1차 촬영 장소
산림대 강의실
장비차량
일반 차량
분장버스
로케이션맵
강원대학교
-주차안내
① 일반/ 장비차량, 분장버스 주차 : 산림대 주차장 (로케이션 맵 참조)
- T맵, 카카오맵 : 강원대학교 산림환경과학대학2호관 검색
- 네이버맵 : 강원대학교춘천캠퍼스 산림환경과학대학 2호관

현장 배치도 및 통제 계획서 – 대학교 촬영시 회차별 로케이션 맵 3

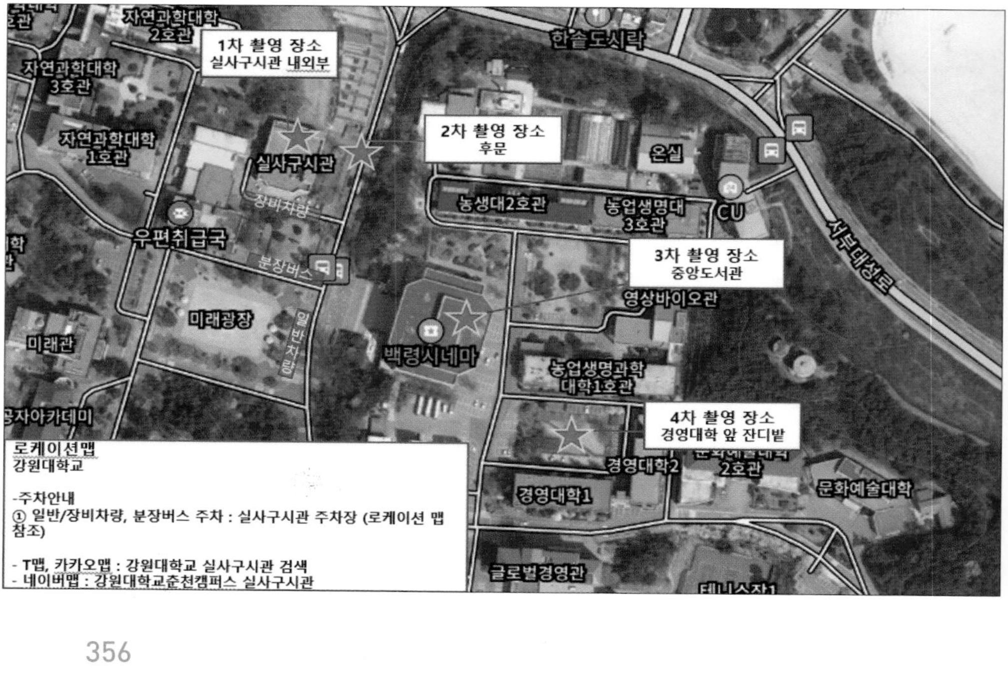
1차 촬영 장소
실사구시관 내외부
2차 촬영 장소
후문
3차 촬영 장소
중앙도서관
4차 촬영 장소
경영대학 앞 잔디밭
자연과학대학 2호관
자연과학대학 3호관
자연과학대학 1호관
실사구시관
장비차량
우편취급국
분장버스
미래광장
일반차량
미래관
한솔도시락
온실
농생대2호관
농업생명대 3호관
CU
서부대성로
영상바이오관
백령시네마
농업생명과학 대학1호관
경영대학2
경영대학1
문화예술대학
글로벌경영관
로케이션맵
강원대학교
-주차안내
① 일반/장비차량, 분장버스 주차 : 실사구시관 주차장 (로케이션 맵 참조)
- T맵, 카카오맵 : 강원대학교 실사구시관 검색
- 네이버맵 : 강원대학교춘천캠퍼스 실사구시관

[그 시절, 우리가 좋아했던 소녀] 회의록

일시	2024년 5월 9일	장소	제작 사무실	작성	박안드레 연출팀
참석자	감독, 피디. 제작실장, 의상이사, 의상실장, 분장실장, 김원영 분장팀장, 조감독, 회계부장, 박안드레 연출팀				

안건	<그 시절, 우리가 좋아했던 소녀> 의상 분장 PT

내용

■ 진우 분장 / 의상

1) 고등학교 메인헤어

분장실장
- 앞머리를 눈썹 위 애매한 기장으로 하면 오히려 더 안 좋을 것 같다.
- 앞머리 옆머리를 맥시멈으로 해서 조금씩 잘라가며 어울리는 기장을 찾아야 할 것 같다.

진영 배우
- 아예 짧던가 아예 긴 앞머리가 어울리지 애매한 기장은 싫어한다.

감독
- 고등학교 때 머리는 경찰 수업 때 머리가 제일 좋음. 약간 부스스한 느낌을 줘도 좋을 것 같음.

2) 짧은 머리

분장실장
- 가발 진행시 살이 보일 정도로 옆머리를 치면 너무 티가 날 것 같음. 옆에 살이 안 보이는 정도로

피디
- 짧았을 때, 귀엽고 최대한 짧은 티가 났으면 좋겠음. 필요시 CG 리터치도 고려 하겠음. -
  기성품으로라도 테스트를 해봤으면 좋겠다. -> *기성 가발 테스트 예정. (15일)*

3) 대학머리 / 현재머리

분장실장
- 컬감이 있는 머리, 헤어 테스처에 대한 테스트를 해보면서 갈 것.
- 고등학교 때 머리를 기준으로 피스를 붙여가면서 길이감을 주는 방향으로.

4) 진우 교복 피팅

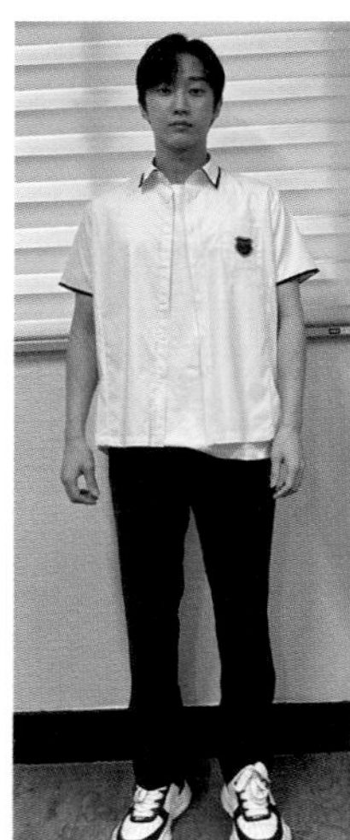

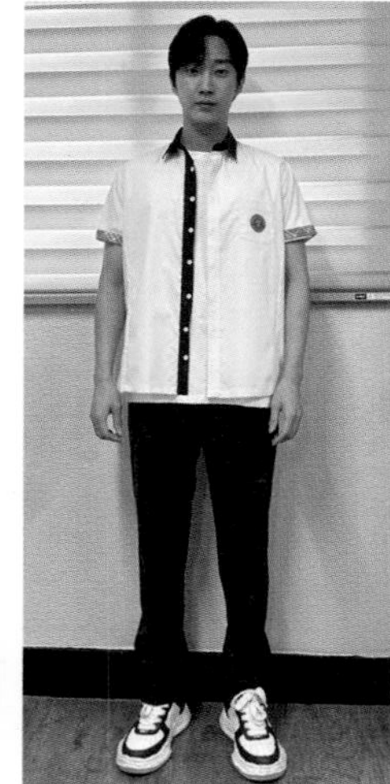

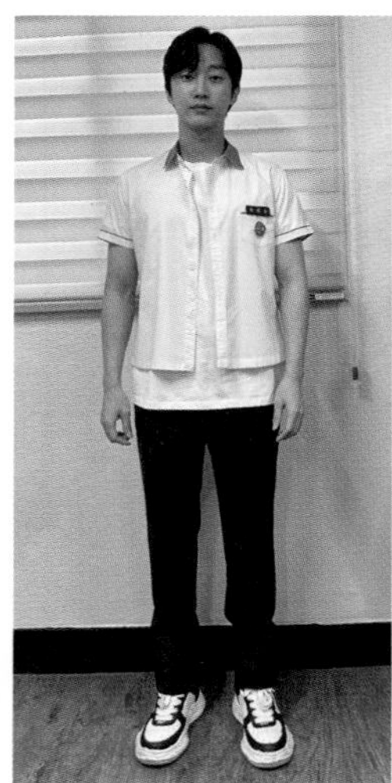

감독
- 2번에 디자인에 단추를 잠그고 카라에 색이 안들어가 있으면 될 것 같다. 단추는 잠그는게 좋을 것 같음.
- 남색도 좋은데 버건디 색도 잘 받는다.

의상 실장
- 버건디색도 잘 받는데, 시선이 뺐기는 것 같다. 남색이 안정적이다.

■ 선아 분장 / 의상

1) 고등학교 메인헤어

분장실장
- 가르마는 6:4가 가장 어울리는 것 같고, 앞머리를 내는 것보다 잔머리, 사이드뱅 쪽으로 가면 좋을 것 같다. 사이드뱅을 너무 길게는 하지 않을 예정이다.
- 메이컵도 티 안나고 음영만 맞추는 정도만 네추럴하게 갈 것임.
- 한복을 입을 때는 처녀 댕기머리를 해도 어울릴 것 같다.

[그 시절, 우리가 좋아했던 소녀]

회의록

다현 배우
- 사이드뱅 머리를 기준으로 여러가지 테스트를 해봤으면 좋겠다. 사이드뱅이 너무 길면 고개를 숙이고 공부하는 장면이 많은데 얼굴이 많이 가려질 것 같다.

감독
- 머리를 이쁘게 묶은 느낌이 아니라 대충 묶은 느낌. 애매한 중간 위치에서 묶은 느낌이 좋다.
- 공부를 할 때 똥머리도 한번쯤 했으면 좋겠다.
- 머리띠도 다양하게 활용하면 좋을 것 같다.
- 대학 춘천 데이트 때, 양갈래 머리를 해도 어울릴 것 같음.

피디
- 선아가 처음으로 머리를 풀 때는 판타지스럽게 이쁘게 나왔으면 좋겠다. 한복을 입는 장면도 최대한 이쁘게 나오면 좋겠다.

2) 대학교 / 사복 헤어

분장실장
- 컬을 줄 건데, 굵은 웨이브를 줄 것이고 최대한 내추랄 한 느낌으로 갈 것.
- 춘천 데이트 때 양갈래 머리도 테스트를 해보겠다.

3) 선아 교복 피팅

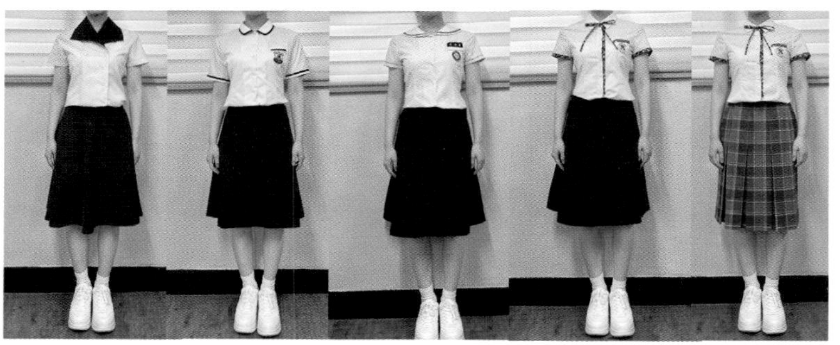

감독
- 2번이 좋을 것 같다. 남색이 잘 어울리는 것 같다.
- 2번 핏으로 가고 3번 디자인을 해봐도 좋을 것 같다.

다현 배우
- 3번이 제일 마음에 든다. 3번 디자인에 넥라인을 살짝 내리면 좋을 것 같다.

#27 소풍, #41 바다 의상 피팅

1. 바다 의상
2. 소풍 의상

1. 바다 의상

1. 바다 의상

1. 안에 흰티는
초록색 셔츠로 대체
2. 신발은 프로스펙스

* 원피스는 유지.
원피스 위에 초록색
다른 가디건을 추가로
입어볼 예정.

1. 바다 의상

2. 소품 의상

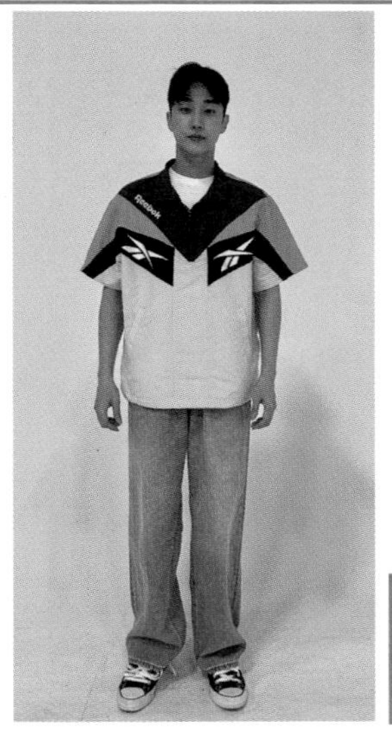

남색 바지로 바꾸기
신발은 프로스펙스

연노랑 카라 니트티
로 바꾸기

2. 소품 의상

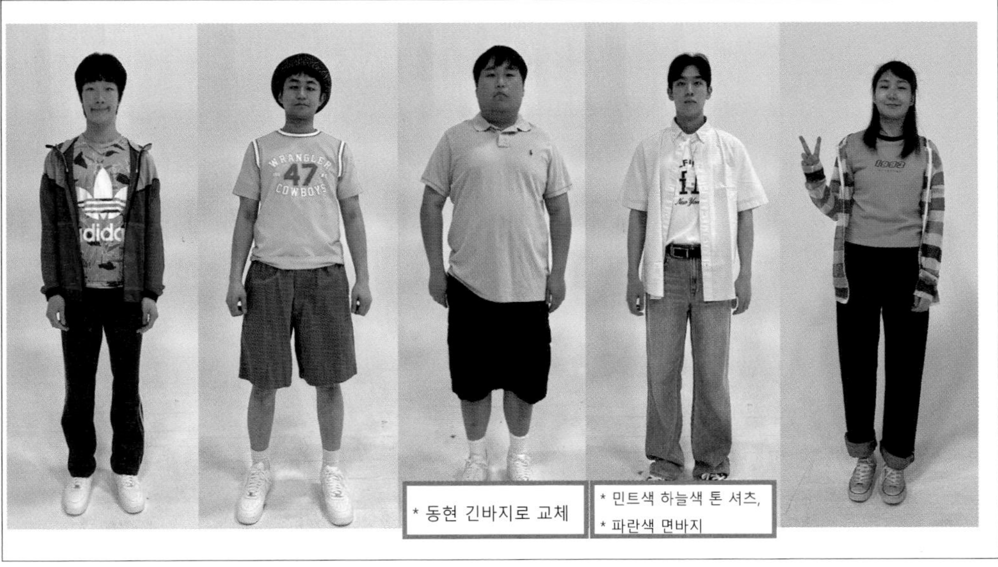

* 동현 긴바지로 교체

* 민트색 하늘색 톤 셔츠,
* 파란색 면바지

〈부록 7〉 교복 디자인 자료

Style7 [춘추 교복]

Style7 [하 교복]

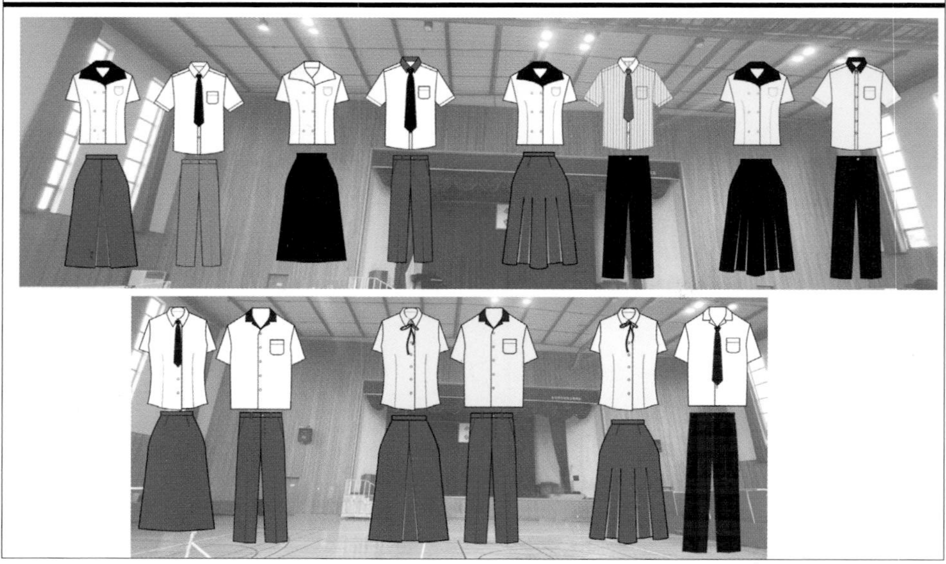

Style7 [체육복]

Style7 [체육복]

〈부록 8〉 포장마차 씬, 음악 반영 글 콘티

S#67 포장마차

<가사별 액팅정리> 고속촬영

1. 태완, 포차 조리대로 넘어지며 스티로폼 박스 쏟아진다. (아픈 만큼 너를 잊게 된다면)
2. 진우, 넘어진 태완을 보고 소리치며 덩치 예비군에게 덤빈다. (차라리 앓고 나면 그만인데)
3. 몸을 일으킨 태완의 머리에 가시 돋힌 성게가 박혀있고 (가시처럼 깊게 박힌 기억은)
4. 진우, 덩치 예비군에 마구 주먹을 날리지만 전혀 타격없다. (아파도 아픈 줄 모르고)
5. 마른 예비군이 진우를 떼어내려다 옆 테이블에 넘어진다. 옆 테이블 접시의 해삼과 멍게가 하늘을 난다. (그대 기억이 지난 사랑이)
6. 덩치 예비군이 조리대 위 산낙지를 잡아든다. (내 안을 파고드는)
7. 태완이 머리에 박힌 성게를 고통스러워 하며 떼어낸다. (가시가 되어)
8. 진우의 싸대기를 강타하는 산낙지. 낙지가 떨어지지 않는다. (제발 가라고 아주 가라고)
9. 옆 테이블 두 여자 손님이 마른 예비군의 머리채를 잡고 있다. (애써도 나를 괴롭히는데)
10. 다른 예비군 둘이 포차에 들어오다 개싸움 중인 친구들 발견, 표정 험악해지고. (너무 사 랑했던 나를)
11. 진우와 태완, 쪽수가 많아진 예비군에 쫄아버린다. (그게 두려웠던 나를)
12. 소쿠리에 우동면을 담아 들어오던 포차 아주머니. 미친 듯 고함치며 우동 면발을 던진다. (미치도록 너를 그리워했던)
13. 바닥에 주저앉은 눈 풀린 진우 위로 우동 면발이 떨어진다. (날 이제는 놓아줘)

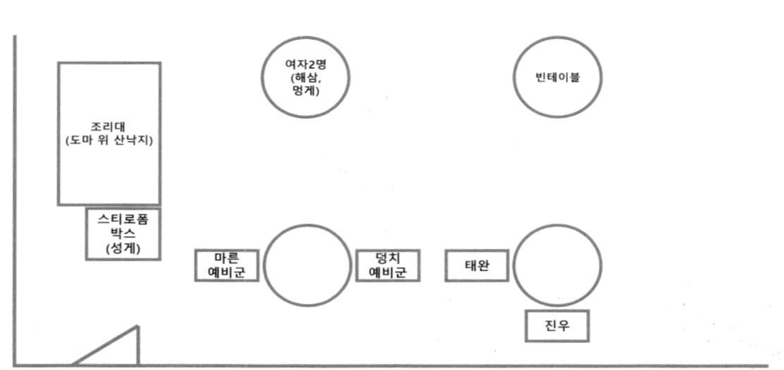

- 인물

진우, 태완, 덩치예비군, 마른예비군, 예비군(2), 여자손님(2)

- 미술

스티로폼 박스, 모형 성게, 음식(산낙지, 해삼, 멍게, 우동), 테이블 기본 음식 세팅 3개

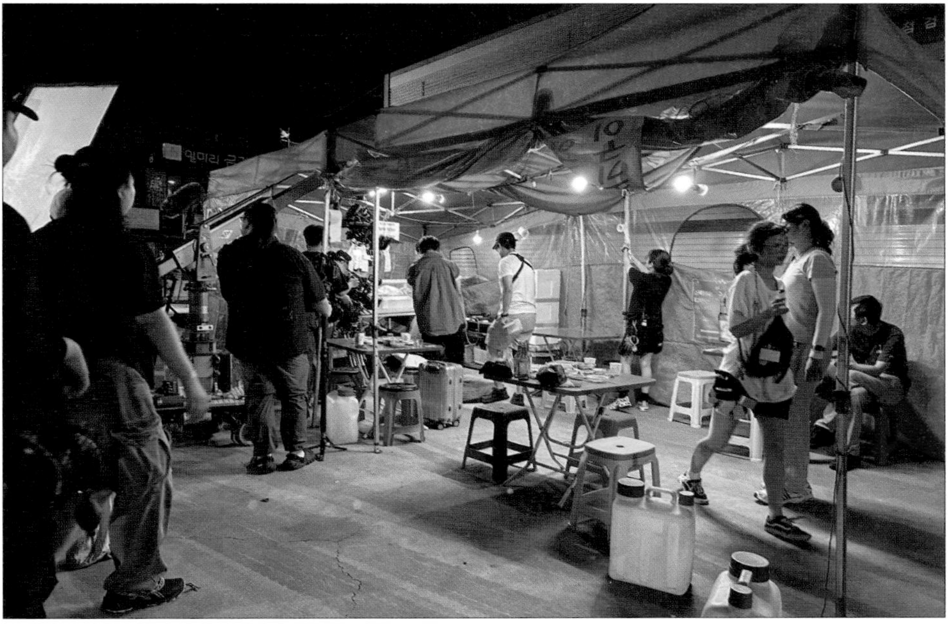

〈부록 9〉 웹툰 자료

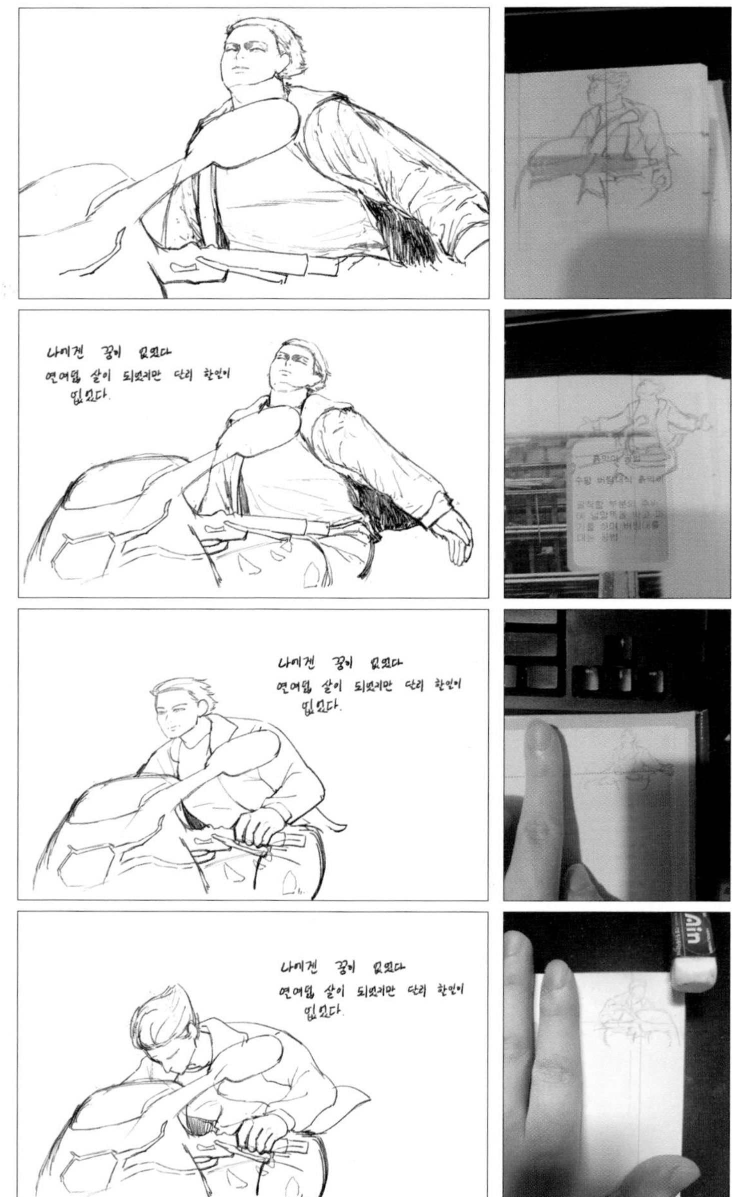
나에겐 꿈이 있었다
열여덟 살이 되었지만 딱히 할일이 없었다.
나에겐 꿈이 있었다
열여덟 살이 되었지만 딱히 할일이 없었다.
나에겐 꿈이 있었다
열여덟 살이 되었지만 딱히 할일이 없었다.

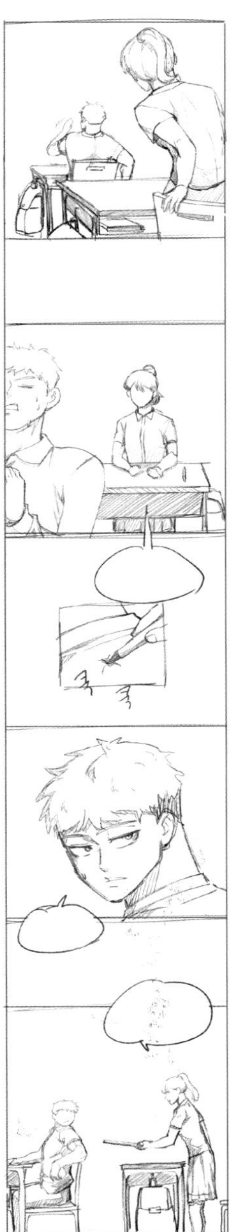

앞자리, 뒷자리.
교복을 입은
남학생의
등에 파란 펜
자국이 찍히기
시작한다

〈부록 10〉 촬영 현장 사진

SEACOAST
TRAVEL
OUTDOOR APPAREL
FORT WORTH, TX

FPS 23.976
SHUTTER 180.0
IRIS T 4.0
8/10
EI 800
ND 1.2
WB
5000 K
28' 10"
102' 0"
∞
반서점
FCL 40.0mm
PWR 21.8V
A_0008 C008
STBY
MEDIA 1:23 h
TVlogic
TC 04:14:59:

明倫堂
PARK

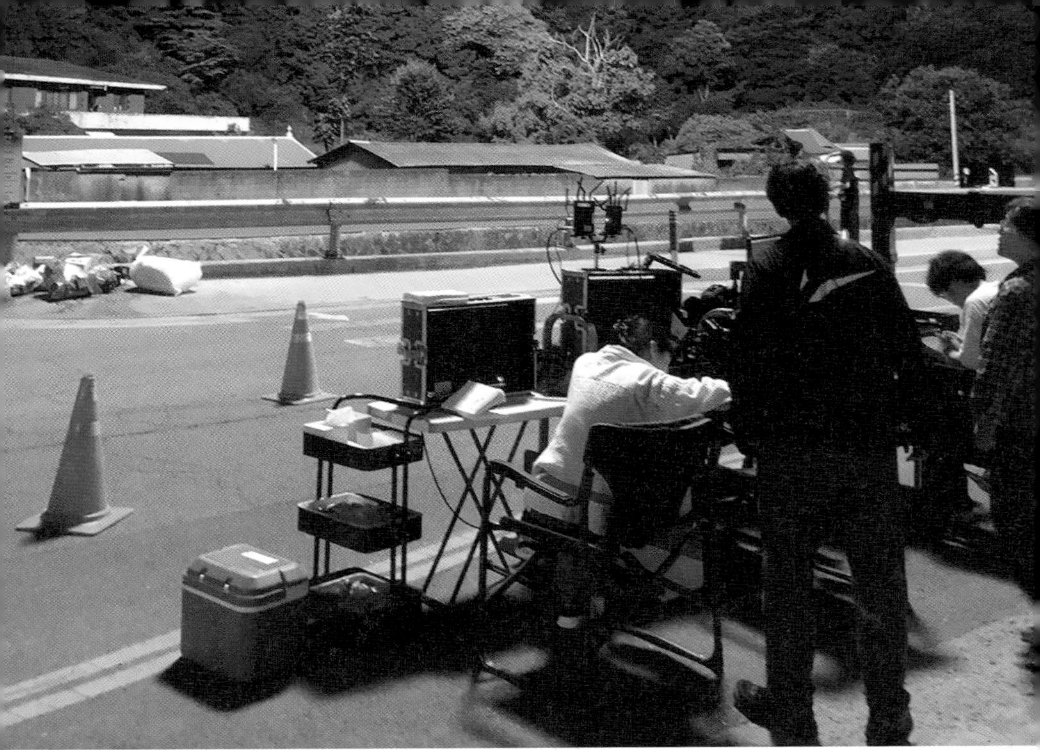

STUDIO 
004
관대학교
국문학과MT

Lemonade

〈부록 11〉 B컷

진우
병주
김요한
태완역
병주역
이승준

〈그 시절, 우리가 좋아했던 소녀들

선아 많이
사랑해주세요!
CHEER UP!
선아가 준비한
음료 드시고
힘내세요♥

제 (2)시험실
4900033번
~4900064번

CALIFORN
동춘천고등학교
EAST CHUNCHEON HIGH SCHOOL
동춘천고등학교
EAST CHUNCHEON HIGH SCHOOL

SHUTTER 180.0 IRIS T 2.8 9/10 EI 800 ND -

17' 8" 18' 7" - 19' 8"

〈부록 13〉 단체사진

2024.05.25. '대단한 배우와 대단한 스탭들이 모인 대단한 워크샵' 기념

한 워크샵

2024.06.13 8회차 피나클랜드 수목원, 소풍 촬영 기념

2024.07.11 24회차 남산골 한옥 마을 촬영 기념

한옥마을

2024.07.25 31회차 크랭크업 기념

그 시절, 우리가 좋아했던 소녀

1판 1쇄 발행 2025년 2월 21일

원작 그 시절, 우리가 좋아했던 소녀(那些年, 我們一起追的女孩)
원작자 주바다오(九把刀)
원작중개 실크로드 에이전시

각본 곽재용, 김진경
각색 조영명, 김재원, 김세랑
콘티 송선찬
연출 조영명
제작 ㈜영화사테이크, ㈜자유로픽처스
공동제작 Rafika LLC, ㈜영화사알앤알
제공 ㈜영화사테이크
배급 주식회사 위지윅스튜디오, CJ CGV

발행인 김성룡
편집, 교정 김은희
디자인 김민정

펴낸곳 도서출판 가연
주소 서울시 마포구 월드컵북로 4길 77, 3층 (동교동, ANT빌딩)
문의메일 2001nov@naver.com
구입문의 02-858-2217
팩스 02-858-2219